o caracol
e sua concha

Mundo do Trabalho

AS NOVAS INFRAESTRUTURAS PRODUTIVAS: DIGITALIZAÇÃO DO TRABALHO, E-LOGÍSTICA E INDÚSTRIA 4.0
Ricardo Festi e Jörg Nowak (orgs.)

PETROBRAS E PETROLEIROS NA DITADURA TRABALHO, REPRESSÃO E RESISTÊNCIA
Luci Praun, Alex de Souza Ivo, Carlos Freitas, Claudia Costa, Julio Cesar Pereira de Carvalho, Márcia Costa Misi, Marcos de Almeida Matos

GÊNERO E TRABALHO NO BRASIL E NA FRANÇA
Alice Rangel de Paiva Abreu, Helena Hirata e Maria Rosa Lombardi (orgs.)

OS LABORATÓRIOS DO TRABALHO DIGITAL
Rafael Grohmann

AS ORIGENS DA SOCIOLOGIA DO TRABALHO
Ricardo Festi

PARA ALÉM DO CAPITAL E PARA ALÉM DO LEVIATÃ
István Mészáros

A PERDA DA RAZÃO SOCIAL DO TRABALHO
Maria da Graça Druck e Tânia Franco (orgs.)

SEM MAQUIAGEM: O TRABALHO DE UM MILHÃO DE REVENDEDORAS DE COSMÉTICOS
Ludmila Costhek Abílio

A SITUAÇÃO DA CLASSE TRABALHADORA NA INGLATERRA
Friedrich Engels

O SOLO MOVEDIÇO DA GLOBALIZAÇÃO
Thiago Aguiar

SUB-HUMANOS: O CAPITALISMO E A METAMORFOSE DA ESCRAVIDÃO
Tiago Muniz Cavalcanti

TEOREMA DA EXPROPRIAÇÃO CAPITALISTA
Klaus Dörre

UBERIZAÇÃO, TRABALHO DIGITAL E INDÚSTRIA 4.0
Ricardo Antunes (org.)

Veja a lista completa dos títulos em:
https://bit.ly/BoitempoMundodoTrabalho

Ricardo Antunes

o caracol
e sua concha

ensaios sobre a nova
morfologia do trabalho

Copyright © Ricardo Antunes
Copyright desta edição © Boitempo Editorial, 2005

Coordenação editorial	Ivana Jinkings Aluizio Leite
Assistência editorial	Ana Paula Castellani Livia Campos Pedro Carvalho
Preparação	Beatriz Rocha Garcia
Capa	Antonio Kehl sobre *Weaver Facing Left with Spinning Wheel*, de Vincent van Gogh, 1884
Editoração eletrônica	Raquel Sallaberry Brião
Coordenação de produção	Juliana Brandt
Assistência de produção	Livia Viganó

CIP-BRASIL. CATALOGAÇÃO-NA-FONTE
SINDICATO NACIONAL DOS EDITORES DE LIVROS, RJ.

A644c
Antunes, Ricardo L. C. (Ricardo Luís Coltro), 1953-
O caracol e sua concha : ensaios sobre a nova morfologia do trabalho/Ricardo Antunes. - São Paulo : Boitempo, 2005
136p. : . -(Mundo do trabalho)

Inclui bibliografia
ISBN 85-7559-065-0

1. Trabalho. 2. Trabalho - Aspectos sociais. 3. Sociologia industrial. I. Título. II. Título: Ensaios sobre a nova morfologia do trabalho. III. Série.

05-2275.   CDD 305.56
                                                                                                  CDU 331

É vedada a reprodução de qualquer parte
deste livro sem a expressa autorização da editora.

Este livro atende às normas do acordo ortográfico
em vigor desde janeiro de 2009.

1ª edição: julho de 2005; 1ª reimpressão: abril de 2011
1ª edição revista: junho de 2012; 2ª reimpressão: fevereiro de 2025

BOITEMPO
Jinkings Editores Associados Ltda.
Rua Pereira Leite, 373
05442-000 São Paulo SP
Tel.: (11) 3875-7250 | 3872-6869
editor@boitempoeditorial.com.br | boitempoeditorial.com.br
blogdaboitempo.com.br | youtube.com/tvboitempo

*Para Octávio Ianni
e Maurício Tragtenberg,
mestres e amigos.*

SUMÁRIO

APRESENTAÇÃO 11

1 A CRISE DA SOCIEDADE DO TRABALHO:
  fim da centralidade ou desconstrução do trabalho? 23

2 A DESMEDIDA EMPRESARIAL
  na sociedade da "qualidade total" 41

3 A NOVA MORFOLOGIA DO TRABALHO
  e o desenho multifacetado das ações coletivas 47

4 ALGUMAS TESES SOBRE O PRESENTE
  (e o futuro) do trabalho 59

5 A DIALÉTICA DO TRABALHO 67

6 O CARÁTER POLISSÊMICO
  e multifacetado do mundo do trabalho 75

7 O TRABALHO ENTRE A PERENIDADE E A SUPERFLUIDADE:
  alguns equívocos sobre a desconstrução do trabalho 85

8 A SUBVERSÃO DO CAPITAL
  e os sentidos do trabalho 95

9 OPACIDADE (OU VITALIDADE)
  das classes sociais? 101

10 *REVIVAL* DO ANARQUISMO? 109

11 UMA APOSTA NO FUTURO 115

12 UM NOVO DESAFIO 123

FONTES DOS TEXTOS 129
BIBLIOGRAFIA 131

*Não fizemos contrato, não é verdade? [...]
Enquanto assim falava, Vassili Andreitch estava
convencido de que era o benfeitor de Nikita:
tal a sua força de persuasão e tantos os que,
a começar por Nikita, dependiam de seu dinheiro e
lhe corroboravam essa convicção de que não enganava
os trabalhadores, mas os cumulava de benefícios!
– Sim, compreendo, Vassili Andreitch; pela minha parte,
parece-me que trabalho, que faço o
mais que posso, como se fosses meu pai.
Compreendo muito bem – respondia Nikita.
E dizia-o, sabendo perfeitamente que
Vassili Andreitch o enganava.*
Leon Tolstói, *Senhor e servo*

*[...] o trabalho que deixou de ser o que havia sido,
e nós que só podemos ser o que fomos,
de repente percebemos que
já não somos necessários no mundo...*
José Saramago, *A caverna*

*O trabalho de equipe é a prática de grupo
da superficialidade degradante.*
Richard Sennet, *A corrosão do caráter*

APRESENTAÇÃO

I

Desde o mundo antigo e sua filosofia, o trabalho vem sendo compreendido como expressão de vida e degradação, criação e infelicidade, atividade vital e escravidão, felicidade social e servidão. *Érgon* e *pónos*, trabalho e fadiga. Momento de catarse e vivência de martírio. Ora cultuava-se seu lado positivo, ora acentuava-se o traço de negatividade. Hesíodo, em *Os trabalhos e os dias*, uma ode ao trabalho, não hesitou em afirmar que "o trabalho, desonra nenhuma, o ócio desonra é"[1].

Ésquilo, em *Prometeu acorrentado*, asseverou que "quem vive de seu trabalho não deve ambicionar a aliança nem do rico efeminado, nem do nobre orgulhoso"[2].

Com o evolver humano, o trabalho se converteu em *tripaliare* – originário de *tripalium*, instrumento de tortura –, momento de punição e sofrimento. No contraponto, o ócio tornou-se parte do caminho para a realização humana. De um lado, o mito prometeico do trabalho; de outro, o ócio como liberação.

O pensamento cristão, em seu longo e complexo percurso, deu sequência à controvérsia, concebendo o trabalho como martírio e salvação, atalho certo para o mundo celestial, caminho para o paraíso. Ao final da Idade Média, com são Tomás de Aquino, o trabalho foi considerado ato moral digno de honra e respeito[3].

---

[1] Hesíodo, *Os trabalhos e os dias* (São Paulo, Iluminuras, 1990), p. 45.

[2] Ésquilo, *Prometeu acorrentado* (Rio de Janeiro, Ediouro, s. d.), p. 132.

[3] Cf. Julio César Neffa, *El trabajo humano: contribuciones al estudio de un valor que permanece* (Buenos Aires, CONICET, 2003), p. 52.

Weber, com sua ética positiva do trabalho, reconferiu ao ofício o caminho para a salvação, celestial e terreno, fim mesmo da vida. Selava-se, então, sob o comando do mundo da mercadoria e do dinheiro, a prevalência do negócio (negar o ócio) que veio sepultar o império do repouso, da folga e da preguiça.

Quer como *Arbeit*, *lavoro*, *travail*, *labour* ou *work*, a sociedade do trabalho chegou à modernidade, ao mundo da mercadoria. Hegel escreveu páginas belas sobre a dialética do senhor e do escravo, mostrando que o senhor só se torna *para si* por meio do outro, do seu servo[4].

Foi ainda pela escrita de outro alemão chamado Marx, também conhecido como Mouro, que o trabalho conheceu sua síntese sublime: trabalhar era, ao mesmo tempo, necessidade eterna para manter o metabolismo social entre humanidade e natureza. Mas, sob o império (e o fetiche) da mercadoria, a atividade vital metamorfoseava-se em atividade imposta, extrínseca e exterior, forçada e compulsória. É conhecida sua referência ao trabalho fabril: se pudessem, os trabalhadores fugiriam do trabalho como se foge de uma peste[5]!

Essa dimensão dúplice e mesmo contraditória presente no mundo do trabalho que cria, mas também subordina, humaniza e degrada, libera e escraviza, emancipa e aliena, manteve o trabalho humano como questão nodal em nossa vida. E, neste conturbado limiar do século XXI, um desafio crucial é dar sentido ao trabalho, tornando também a vida *fora* dele dotada de sentido.

II

Mas o nosso mundo contemporâneo oferece outra contribuição ao debate: fez explodir, com uma intensidade jamais vista, o universo do não trabalho, o mundo do desemprego. Hoje, segundo dados da Organização Internacional do Trabalho (OIT), quase um terço da força humana mundial disponível para o ato laborativo está exercendo trabalhos parciais, precários, temporários ou já vivencia as agruras do não

---

[4] Georg Wilhelm Friedrich Hegel, *Fenomenología del Espíritu* (México, Fondo de Cultura Económica, 1966), p. 113-8 [ed. bras.: *Fenomenologia do espírito*, São Paulo, Vozes, 2003 (22ª ed.)].

[5] Karl Marx, *Manuscritos econômico-filosóficos* (São Paulo, Boitempo, 2004), p. 83.

trabalho, do desemprego estrutural. Perambulam pelo mundo, como prometeus modernos, à cata de algo para sobreviver.

Mais de um bilhão de homens e mulheres padecem as vicissitudes da precarização do trabalho, dos quais centenas de milhões têm seu cotidiano moldado pelo desemprego estrutural. Nos países do Norte, que um dia chamamos de Primeiro Mundo, ainda se preservam alguns resquícios da seguridade social, herança da fase (quase terminal) do *Welfare State*. Nos países do Sul, que nunca conheceram o Estado de bem-estar social, os homens e mulheres disponíveis para o trabalho oscilam entre a busca quase inglória do emprego ou o aceite de qualquer labor.

Glosando uma frase memorável, podemos lembrar que, se não somos contemporâneos filosóficos do presente, estamos entre seus campeões históricos. Se o nosso país pouco contribuiu para a filosofia do trabalho e do labor, estamos dando, tristemente, uma monumental contribuição para o flagelo do desemprego.

Contra a limitadíssima tese da finitude do trabalho, temos o desafio de compreender o que venho denominando nova morfologia ou nova polissemia do trabalho. E, ao fazê-lo, mostrar as complexas relações que emergem no universo laborativo, em particular seus elementos de centralidade, seus laços de sociabilidade que emergem no mundo do trabalho, mesmo quando ele é marcado por formas dominantes de estranhamento e alienação.

Como lembra Robert Castel em *As metamorfoses da questão social*[6], o trabalho permanece como referência central, não só em sua dimensão econômica, mas também quando se concebe o trabalho em seu universo psicológico, cultural e simbólico, fato perceptível quando se analisam as reações daqueles que vivenciam cotidianamente o flagelo do desemprego, do não trabalho, do não labor.

Contrariamente à unilateralização presente tanto nas teses que desconstroem o trabalho, quanto naquelas que fazem seu culto acrítico, sabemos que na longa história da atividade humana, em sua incessante luta pela sobrevivência, pela conquista da dignidade, humanidade e felicidade social, o mundo do trabalho tem sido vital. Foi por meio do ato laborativo, que Marx denominou atividade vital, que os indivíduos, homens e mulheres, distinguiram-se dos animais.

---

[6] Robert Castel, *As metamorfoses da questão social* (Rio de Janeiro, Vozes, 1998).

Mas, em contraposição, quando a vida humana se resume exclusivamente ao trabalho, ela frequentemente se converte num esforço penoso, alienante, aprisionando os indivíduos de modo unilateral. Se, por um lado, necessitamos do trabalho humano e reconhecemos seu potencial emancipador, devemos também recusar o trabalho que explora, aliena e infelicita o ser social. Essa dimensão dúplice e dialética presente no trabalho é central quando se pretende compreender o labor humano. O que nos diferencia enormemente dos críticos do fim, ou mesmo da perda, de significado do trabalho na contemporaneidade.

Se essa tendência eurocêntrica foi dominante nas duas últimas décadas, mais recentemente ela tem sido fortemente questionada e se encontra bastante enfraquecida. Renascendo das "cinzas", a questão do trabalho tornou-se novamente um dos mais relevantes temas da atualidade. Muitas são as interconexões e transversalidades que mostram o trabalho como questão central dos nossos dias. Como a destruição ambiental e a questão feminina, o labor humano mostra-se como questão vital para a humanidade.

III

Como indicamos anteriormente[7], ainda que passando por uma monumental reestruturação produtiva, o capital, mesmo sob enorme impacto das profundas mutações tecnológicas, não pode eliminar cabalmente o trabalho vivo do processo de mercadorias. Ele pode incrementar ao máximo o trabalho morto corporificado no maquinário tecnocientífico, aumentando desse modo a produtividade do trabalho de modo a intensificar as formas de extração do sobretrabalho em tempo cada vez mais reduzido, uma vez que tempo e espaço se transformam nessa fase dos capitais globais e destrutivos. Uma nova modalidade da forma do valor aparece para mostrar os limites e equívocos daqueles que haviam decretado o fim da teoria do valor-trabalho[8].

E se mostra como responsável pela ampliação da enorme destrutividade que preside a sociedade do capital. Isso porque no plano micro-

---

[7] Cf. Ricardo Antunes, *Os sentidos do trabalho* (São Paulo, Boitempo, 1999), e *Adeus ao trabalho?* (São Paulo, Cortez/Ed. Unicamp, 1995).

[8] Cf. Adrian Sotelo Valencia, *La reestructuración del mundo del trabajo: superexplotación y nuevos paradigmas de la organización del trabajo* (México, Itaca, 2003).

cósmico, no plano das empresas, há uma necessidade intrínseca de racionalizar seu *modus operandi*, de implementar o receituário e a pragmática de *lean production*, da empresa enxuta, visando qualificá-la para a concorrência interempresas em disputa no sistema global do capital.

A expansão ilimitada dessa lógica microcósmica para a totalidade das empresas em amplitude mundial acaba por gerar uma monumental sociedade dos descartáveis, uma vez que a lógica da reestruturação e da produtividade, quando comandada pelo ideário e pela pragmática do capital, acarreta a crescente redução do trabalho vivo e sua substituição pelo trabalho morto, para usar os termos de Marx.

A consequência mais negativa para o mundo do trabalho é dada pela destruição, precarização e eliminação de postos de trabalho, resultando em um desemprego estrutural explosivo. Segundo Mészáros, há, hoje

> mais de 40 milhões de desempregados nos países industrialmente mais desenvolvidos. Deste número, a Europa conta com mais de 20 milhões e a Alemanha – outrora elogiada por produzir o "milagre alemão"– ultrapassou a marca dos 5 milhões. Em um país como a Índia – reverenciado pelos organismos econômicos tradicionais por suas realizações na direção do desenvolvimento – há não menos do que 336 milhões de pessoas desempregadas e outras milhões sob condições inadequadas de trabalho, cujos dados não foram registrados. Além disso, a intervenção do FMI, organização dos EUA que dita ordens, pretendendo melhorar as condições econômicas dos países "em desenvolvimento" mais afetados pela crise, tem, na verdade, piorado as condições dos desempregados [...]. Ao mesmo tempo, os antigos países pós-capitalistas pertencentes ao sistema de tipo soviético, da Rússia à Hungria – que no passado não sofriam com altos índices de desemprego, embora administrassem suas economias com altos níveis de subemprego –, diante da pressão direta do FMI vêm sofrendo com as condições desumanizadoras do desemprego maciço.

E acrescenta:

> O Japão é um exemplo particularmente importante, pois não estamos falando de um país do chamado "Terceiro Mundo" em relação aos quais, mesmo as mais intensas práticas de exploração do trabalho, sempre foram consideradas normais. Ao contrário, o Japão representa a segunda mais poderosa economia do mundo: um paradigma dos avanços capitalistas. E agora, mesmo em tal país, o desemprego está crescendo perigosamente. Sem contar com as condições de trabalho, que devem se tornar ainda piores do que na época do longo período de desenvolvimento do pós-guerra e de

expansão do capital, incluindo não só a grande intensificação da exploração pelos cronogramas de trabalho em nome da "flexibilidade", como também – para muitos bastante incompreensível – o prolongamento da semana de trabalho forçado.[9]

Além do desemprego estrutural em franca expansão, ampliam-se e espalham-se por toda parte do chamado "Primeiro Mundo" os trabalhadores imigrantes (*gastarbeiters* na Alemanha, os *chicanos* nos EUA, os *dekasseguis* no Japão etc.), que configuram um quadro de enorme exploração em expansão em escala global.

Essas modalidades de trabalho precarizado – "trabalho atípico", segundo a definição de Vasapollo e Martufi – encontram-se em expansão também na Itália e na Espanha. Trabalho atípico porque expressam formas de

> prestação de serviços cuja característica fundamental é a falta ou a insuficiência de tutela contratual. No trabalho atípico são incluídas todas as formas de prestação de serviços diferentes do modelo-padrão, ou seja, do trabalho efetivo, com garantias formais e contratuais, por tempo indeterminado e *full-time*. Quase 25% dos empregos na Itália são independentes contra uma média de 15% no restante da Europa. Isso confirma um modelo mediterrâneo representado pela Espanha e pela Itália, no qual o percentual de trabalho atípico e "independente" é superior a 20% do total de empregos. Formas de trabalho autônomas estão presentes em todo o setor terciário [...] e nas atividades precárias, como acontece nas temporadas dos setores de agricultura e de turismo, nos transportes e nas telecomunicações. Além do mais, existe, na Itália, uma forma de exteriorização dos serviços: o subcontrato das cooperativas. A diminuição dos postos de trabalho efetivos e estáveis não só estão vinculados a um processo mais amplo de precariedade, mas também à afirmação de atividades flexibilizadas e intermitentes, em um contexto que supera o mercado de trabalho e se impõe como modalidade da vida cotidiana.

O que permite aos autores acrescentar que

> O conceito de flexibilização do trabalho e o abandono do modelo de trabalho por tempo indeterminado já pertencem à nossa atual forma de pensar [...]. Hoje é difícil prever a superação ou a su   bstituição desse tipo de trabalho instável.[10]

---

[9] István Mészáros, "Unemployment and Casualisation: A Great Challenge to the Left", 2004, p. 4-8 (mimeo.).

[10] Luciano Vasapollo e Rita Martufi, "Lavoro Atipico, Lavoro che Cambia, Come Lavorare?", Roma, *Rivista PROTEO*, n. 2-3, especial, maio/dezembro 2003. Cf.

Esse quadro configura uma nova morfologia do trabalho: além dos assalariados urbanos e rurais que compreendem o operariado industrial, rural e de serviços, a sociedade capitalista moderna vem ampliando enormemente o contingente de homens e mulheres terceirizados, subcontratados, *part-time*, que exercem trabalhos temporários, entre tantas outras formas assemelhadas de informalização do trabalho, que proliferam em todas as partes do mundo.

Das trabalhadoras de telemarketing aos motoboys, dos jovens trabalhadores do McDonald's aos digitalizadores do setor bancário, esses contingentes são partes constitutivas das forças sociais do trabalho, que Ursula Huws sugestivamente denominou *cybertariat*, o novo proletariado da era da cibernética, que vivencia as condições de um trabalho virtual em um mundo real, para recordar o sugestivo título de seu excelente livro que discorre sobre as novas configurações do trabalho na era da informática e da telemática, buscando apreender suas potencialidades de organização e busca de identidade de classe[11].

Essa dualidade – em verdade, trata-se de uma contradição – presente no mundo do trabalho conforma uma tese que é essencial em nosso estudo: se o trabalho ainda é central para a criação do valor, o capital, por sua parte, o faz oscilar, ora reiterando seu sentido de perenidade, ora estampando a sua enorme superfluidade, da qual são exemplos os precarizados, flexibilizados, temporários, além, naturalmente, do enorme exército de desempregados e desempregadas que se esparramam pelo mundo.

Em seu traço perene, pode-se ver que cada vez menos homens e mulheres trabalham muito, em ritmo e intensidade que se assemelham à fase pretérita do capitalismo, quase similarmente à época da Revolução Industrial. E, na marca da superfluidade, cada vez mais homens e mulheres encontram menos trabalho, espalhando-se à cata de trabalhos parciais, temporários, sem direitos, "flexíveis", quando não vivenciando o flagelo dos desempregados. Em pleno mito neoliberal do individualismo exacerbado, tal como a ideologia do "empreendedorismo", presenciamos de fato um *individualismo possessivo* cada vez mais desprovido de *posse,* onde cada vez amplas parcelas de trabalhadores e

---

também L. Vasapollo, "Le Ragioni di una Sfida in Atto" em *Lavoro contro capitale: precarietà, sfruttasmento, delocalizzazione* (Milão, Jaca Book, 2005).

[11] Ursula Huws, *The Making of a Cybertariat: virtual work in a real world* (Nova York/Londres, Monthly Review/The Merlin Press, 2003).

trabalhadoras perdem até mesmo a possibilidade de viver da venda de sua única propriedade, a sua força de trabalho.

IV

Mas há ainda outra contradição que se evidencia quando o olhar se volta para a (des)sociabilidade contemporânea no mundo produtivo: quanto maior é a incidência do ideário e da pragmática na chamada "empresa moderna", quanto mais racionalizado é seu *modus operandi*, quanto mais as empresas laboram na implantação das "competências", da chamada "qualificação", da gestão do "conhecimento", mais intensos parecem tornar-se os níveis de degradação do trabalho.

E isso se dá porque a gestão do "conhecimento e da competência" está inteiramente conformada pelo receituário e pela pragmática presente na "empresa enxuta", na empresa liofilizada, que, para ser competitiva, deve reduzir ainda mais o trabalho vivo e ampliar sua dimensão tecnocientífica, o trabalho morto, cujo resultado não é outro senão o aumento da informalidade, da terceirização, da precarização do trabalho e do desemprego estrutural em escala global.

E, ao apropriar-se da dimensão cognitiva do trabalho, ao apoderar-se de sua dimensão intelectual, os capitais ampliam as formas e os mecanismos da geração do valor, aumentando também os modos de controle e de subordinação dos sujeitos do trabalho, uma vez que se utilizam de mecanismos ainda

> mais coativos, renovando as formas primitivas de violência na acumulação, uma vez que – paradoxalmente –, ao mesmo tempo, as empresas necessitam cada vez mais da cooperação ou "envolvimento" subjetivo e social do trabalhador.[12]

João Bernardo, ao tratar dessa dimensão crucial do trabalho, afirmou:

> A "desindustrialização" sobre a qual tanto se fala e se escreve hoje é, na verdade, uma reindustrialização. E o "desaparecimento da classe operária" corresponde a uma expansão sem precedentes da classe trabalhadora, que entretanto se reestruturou internamente. Kim Moody colocou a questão nos termos devidos ao recordar que "as mudanças ocorridas nas economias

---

[12] Alberto Bialakowsky et al., "Diluición y mutación del trabajo en la dominación social local", Buenos Aires, revista *Herramienta*, n. 23, 2003, p. 135.

capitalistas desenvolvidas não alteraram a condição fundamental da força de trabalho, que continua a ter de vender a um patrão a sua capacidade de trabalho e continua a ter de exercer a sua atividade como participante num esforço coletivo organizado pelo capital, e em termos ditados em grande medida pelo capital". Para resumir a situação em poucas palavras, a exploração da componente intelectual do trabalho determinou o crescimento do ramo da informática, e portanto dos serviços, mas este crescimento é indissociável da reorganização do operariado fabril. "A revolução que se seguiu à revolução industrial", escrevia *The Economist* em 22 de Agosto de 1987, "não é uma revolução dos serviços, mas dos cérebros, na qual o valor é acrescentado não por mãos qualificadas mas por inteligências qualificadas" [...].

E acrescenta:

> Ora, o fato de se ter esgotado a possibilidade de levar avante a extração de mais-valia relativa só graças ao esforço muscular da mão de obra alterou radicalmente este quadro de concepções. Hoje, quanto maior for a componente intelectual da atividade dos trabalhadores e quanto mais se desenvolver intelectualmente a força de trabalho, tanto mais consideráveis são as possibilidades de acumular mais-valia.[13]

Veja-se o exemplo da Manpower, transnacional da locação (entenda-se terceirização) da força de trabalho de amplitude global, cuja atividade

> constrói parcerias com clientes em mais de 60 países [...] mais de 400 mil clientes dos mais diversos segmentos, como comércio, indústria, serviços e promoção [...]. A Manpower está preparada para atender a seus clientes com *serviços de alto valor agregado* [grifos meus], como contratação e administração de funcionários temporários; recrutamento e seleção de profissionais efetivos para todas as áreas; programas de *trainees* e de estágios, projetos de terceirização e serviços de *contact center*; administração de RH (RH Total) e contratação de profissionais com alto grau de especialização (Divisão Manpower Professional).[14]

Ao contrário, portanto, do fim ou da redução de relevância da teoria do valor-trabalho, há uma qualitativa alteração e ampliação das formas e mecanismos de extração do trabalho.

---

[13] João Bernardo, *Democracia totalitária: teoria e prática da empresa soberana* (São Paulo, Cortez, 2004), p. 105-7.

[14] Manpower, "Soluções em Recursos Humanos para sua empresa", folheto de publicidade da empresa.

É sintomático também o *slogan* adotado pela Toyota, na unidade de Takaoka: *Yoi kangae, yoi shina* ("bons pensamentos significam bons produtos"), fixado na bandeira que tremulava na entrada da unidade produtiva[15]. Mas é bom lembrar que esses projetos de "envolvimento", flexibilização etc. acabam também por encontrar resistência dos trabalhadores, conforme se viu no protesto de 1300 trabalhadores organizado pelos sindicatos que eram contrários à implantação do sistema de autocontratação[16].

Tem-se, então, como resultante, que a prevalência da razão instrumental assume a forma de uma enorme irracionalidade societal. O que coloca um desafio fundamental e candente: a desconstrução desse ideário e dessa pragmática é condição para que a humanidade – e, portanto, também o trabalho – possam ser verdadeiramente dotados de sentido, obstando o destrutivo processo de desantropomorfização do trabalho em curso desde o início da Revolução Industrial e sua lógica maquínica.

Ao contrário da produção dirigida prioritariamente para a acumulação privada do excedente, o objetivo desse novo empreendimento societal é tornar a atividade humana laborativa direcionada para a produção de bens socialmente necessários, em que o valor de uso intrínseco dos produtos não mais se subordine (mas de fato elimine) os imperativos do valor de troca presentes no universo das mercadorias.

Desse modo, o objetivo da economia poderá efetivamente recuperar seu sentido original de economizar (do latim *oeconomia*), cuja finalidade é utilizar racionalmente os recursos oriundos da natureza e da sociedade. O que nos obriga a (re)conceber o trabalho como sendo dotado de autonomia, autocontrole e autocomando, cuja fruição seja pautada pelo tempo disponível para a sociedade, ao contrário da heteronomia, da sujeição e da alienação regidas pelo tempo excedente voltado para a acumulação privada do excedente, típica da sociedade fetichizada em que vivemos.

Sabemos, como lembrou Marx, que

> em geral, o trabalhador e seus meios de produção permaneciam indissoluvelmente unidos, como o caracol e sua concha, e assim faltava a base principal da manufatura, a separação do trabalhador de seus meios de produção e a conversão destes meios em capital.[17]

---

[15] Cf. Brian Bremner e Chester Dawson, *Business Week* (Nova Jersey), edição em português, 18/11/2003.

[16] Cf. *Japan Press Weekly* (Tóquio), n. 2371, 21/02/2004, p. 13.

[17] Karl Marx, *O capital* (2ª ed., Rio de Janeiro, Civilização Brasileira, 1971), v.1, p. 411.

Recuperar, em bases totalmente novas, a unidade inseparável entre *o caracol e sua concha*, eis o desafio mais candente da sociedade modera.

* * *

Completando dez anos da publicação de *Adeus ao trabalho?* e quase seis anos de *Os sentidos do trabalho*, *O caracol e sua concha*, que agora apresentamos ao leitor, traz a marca da continuidade temática em relação aos trabalhos anteriores. Com uma diferença clara: os dois livros acima referidos foram resultado de uma década de pesquisa teórica e investigação científica que se iniciou em 1992, por meio da pesquisa *Para onde vai o mundo do trabalho*, que vimos desenvolvendo desde então com o apoio do CNPq.

O caracol e sua concha: ensaios sobre a nova morfologia do trabalho é uma coletânea absolutamente despretensiosa, desdobramento livre de algumas das teses apresentadas anteriormente (especialmente em *Os sentidos do trabalho*), cujos ensaios procuram tão somente atualizar as teses centrais acerca da centralidade do trabalho presentes nos livros que lhe antecederam.

1

A CRISE DA SOCIEDADE DO TRABALHO
fim da centralidade ou desconstrução do trabalho?

No pensamento contemporâneo tornou-se (quase) lugar-comum falar em "desaparição do trabalho". De modo sintético, podemos assim introduzir a problemática da chamada crise da sociedade do trabalho tomando alguns de seus mais expressivos formuladores.

André Gorz, em *Adeus ao proletariado*, como o próprio título indica limpidamente, vaticinou em 1980 o fim do proletariado e com ele grande parte (se não a totalidade) das ações decorrentes das forças sociais do trabalho. Se não foi o primeiro, foi um dos mais contundentes críticos da sociedade do trabalho.

Claus Offe, em meados dos anos 1980, escreveu seu conhecido ensaio "Trabalho: categoria sociológica-chave?" em que, reconhecendo a ampliação da sociedade de serviços e acrescentando que sua lógica não se pautava pelo cálculo econômico, pela mesma racionalidade do capital privado, tematizou criticamente sobre a retração e mesmo a perda da centralidade do trabalho na busca do sentido estruturante do ser social no mundo contemporâneo.

Habermas, partindo de estudos e indicações empíricas de ambos, foi muito além em seu exercício analítico ao substituir a prevalência da esfera da razão instrumental, dada pelo trabalho assalariado que cria o capital para a esfera da razão comunicativa, pela esfera da intersubjetividade. É conhecida a sua crítica, em *Theory of Communicative Action*, do que o autor entende como expressando as lacunas da teoria do valor de Marx e sua limitação ao dar conta da complexidade da lógica societal presente no capitalismo tardio. Habermas atribui a Marx a redução da esfera comunicacional à ação instrumental. Como contraposição, realiza uma sobrevalorização e disjunção entre essas dimensões decisivas da vida social, e a perda desse liame indissolúvel permite que ele valorize e autonomize a esfera comunicacional.

A disjunção analítica habermasiana entre sistema (esfera do trabalho e da razão instrumental) e o mundo da vida (esfera intersubjetiva, da razão comunicacional) transfere para esse segundo plano (o mundo da vida) as reais possibilidades emancipatórias que não mais encontram sentido na esfera do trabalho.

Dominique Méda, em livro recentemente publicado na França com o título *Le travail: une valeur en voie de disparition*[1] [O trabalho: um valor em vias de desaparição] retoma o universo habermasiano e também o espírito weberiano do "desencanto do mundo", ampliando-o para o desencanto do trabalho. Como Habermas, Dominique Méda propugna pelo controle da esfera instrumental e pela ampliação (positiva, por certo) do espaço público, criticando o que considera o "culto ou a utopia do trabalho, presente nos pensamentos cristão e marxista", que para a autora se encontra "em vias de desaparição" e sem possibilidade estruturante.

Num outro recorte analítico, poderíamos lembrar Jeremy Rifkin e seu *The end of work* publicado aqui com o título *O fim dos empregos*[2], em que, tomando a sociedade norte-americana como chão social, também faz o seu "réquiem para a classe trabalhadora" vislumbrando romanticamente como salvação societal a ampliação alternativa do Terceiro Setor.

Vale ainda lembrar o esforço analítico de Robert Kurz, particularmente em *O colapso da modernização*[3] e em *Os últimos combates*[4], numa versão analítica muito mais crítica à ordem do capital do que os autores acima citados, mas que concebe os trabalhadores como parte constitutiva do mundo da mercadoria e por isso impossibilitados de transformar radicalmente a lógica do que denomina "sistema produtor

---

[1] Paris, Aubier, 1995.

[2] Jeremy Rifkin, *O fim dos empregos* (São Paulo, Makron Books, 1995).

[3] São Paulo, Paz e Terra, 1992.

[4] Rio de Janeiro, Vozes, 1997.

de mercadorias". Os trabalhadores são, para ele, prisioneiros e partícipes da forma-mercadoria, herdando Kurz, um sagaz e ousado crítico do capital, algo do desencanto e da melancolia presentes na Escola de Frankfurt, particularmente no que concerne ao papel da classe trabalhadora e seu potencial de transformação social.

Na contracorrente, valeria, por certo, a referência a Robert Castel, que, em *As metamorfoses da questão social*[5], num patamar analítico denso – que também é o de Dominique Méda – ofereceu novos elementos para se pensar a centralidade do trabalho com base em uma defesa contratualista e estruturante da sociedade salarial.

Fico neste desenho introdutório para me referir ao que entendemos como expressão de algumas das formulações mais significativas dos críticos da centralidade do trabalho. Poderíamos adicionar, entre tantos outros, Alain Touraine e, ainda, entre nós, o recente livro de Jacob Gorender, *Marxismo sem utopia*[6], mas a lista seria muito ampla e nos distanciaria desse primeiro desenho que não tem outro objetivo senão o de situar alguns dos principais críticos da chamada "sociedade do trabalho".

Vale uma primeira distinção analítica (e também uma provocação crítica) de fundo no que concerne à questão do trabalho: para os que têm maior influência weberiana, as mudanças em curso teriam iniciado (ou mesmo realizado) uma demolição da chamada "ética positiva do trabalho". Para aqueles que se ancoram em Marx, entretanto, falar em uma ética positiva do trabalho, sob o sistema de metabolismo social do capital, sob a vigência do trabalho fetichizado e assalariado, parece não fazer sentido, particularmente quando lembramos que desde 1844, nos *Manuscritos econômico-filosóficos*, ao tratar do trabalho estranhado/alienado, Marx não hesitou em dizer que, se pudesse, o trabalhador fugiria do trabalho como se foge de uma peste. Marx, diferentemente do que se costuma afirmar, tem uma concepção claramente negativa do trabalho sob o capital.

Entretanto, enquanto se opera no plano gnosiológico a desconstrução ontológica do trabalho, paralelamente, no mundo real, este se reconverte em uma das mais explosivas questões da contemporaneidade. Trabalho e desemprego, trabalho e precarização, trabalho e gênero, trabalho

---

[5] Rio de Janeiro, Vozes, 1998.
[6] São Paulo, Ática, 1999.

e etnia, trabalho e nacionalidade, trabalho e ecologia, trabalho e corte geracional, trabalho e materialidade, trabalho e imaterialidade, trabalho e qualificação, trabalho e desqualificação; muitos são os exemplos da transversalidade, da vigência e, acrescentemos, da centralidade da forma social *trabalho* no mundo contemporâneo.

Nosso primeiro argumento polemizador aqui é: os críticos da sociedade do trabalho podem estar equivocados ao enfatizar, eurocentricamente, que o trabalho está em vias de desaparição, que o capital não mais necessita dessa mercadoria especial. Vale lembrar que pelo menos 2/3 da humanidade que trabalha encontra-se no chamado "Terceiro Mundo"; na Ásia, no Oriente, na África e na América Latina. Não parece um bom exercício analítico tematizar sobre o mundo do trabalho com um corte excessivamente eurocêntrico. Isso sem falar das complexificações que decorrem da nova divisão internacional do trabalho na era do capital mundializado.

Da General Motors à Microsoft, da Bennetton à Ford, da Toyota ao McDonald's, o mundo produtivo e de serviços ainda carece de uma dada forma de trabalho, seja ele material, produtivo ou imaterial. A própria existência do capital financeiro supõe algum nível de lastro produtivo e com ele se imbrica. O trabalho, portanto, não se tornou mera *virtualidade*, ainda que venha sofrendo mutações e metamorfoses significativas. Não é ficção que a Nike se utiliza de cerca de 85 mil trabalhadores e trabalhadoras, esparramados em tantas partes do mundo, que recebem salários degradantes; não é ficção também que o primeiro segredo da Toyota foi procurar envolver a classe trabalhadora japonesa no projeto da "Família Toyota" (seu lema na década de 1950 era: "proteja a empresa para proteger sua vida"), como nos ensinaram inicialmente Satoshi Kamata[7], e mais recentemente o crítico Thomas Gounet[8] e o pouco crítico Benjamim Coriat[9].

Ou ainda poderíamos lembrar a falência do Projeto Saturno, da General Motors (EUA), em fins dos anos 1970 e início dos anos 1980, que fracassou porque tentou automatizar e robotizar sua planta produtiva, abandonando e desconsiderando sua classe trabalhadora. Não foi

---

[7] *Japan in the Passing Lane: An Insider's Account of Life in a Japanise Auto Factory* (Nova York, Pantheon Books, 1982).

[8] *Fordismo e toyotismo na civilização do automóvel* (São Paulo, Boitempo, 1999).

[9] *Pensar al revés: trabajo y organización en la empresa japonesa* (México / Madri, Siglo XXI, 1992).

capaz de praticar o que Coriat acriticamente chamou de "envolvimento incitado" e que eu denomino "envolvimento estranhado e manipulado".

Vamos, a seguir, procurar problematizar algumas das teses que propugnam o fim do trabalho ou mesmo o fim da sua centralidade.

Quando concebemos a forma contemporânea do trabalho como expressão do trabalho social, que é mais complexificado, heterogeneizado e ainda mais intensificado nos seus ritmos e processos, não podemos concordar com as teses que desconsideram o processo de interação entre trabalho vivo e trabalho morto, entre a potência constituinte do trabalho vivo e a potência constituída do trabalho morto, na bela síntese oferecida por Francisco de Oliveira. Em verdade, o sistema de metabolismo social do capital necessita cada vez menos de trabalho estável e cada vez mais de trabalho parcial – *part-time* –, terceirizado, precarizado, dos trabalhadores hifenizados de que falou Huw Beynon[10], da *classe-que-vive-do-trabalho* de que falei em *Adeus ao trabalho?* e que se encontra em explosiva expansão em todo o mundo produtivo e de serviços.

Como o capital pode reduzir muito, mas não pode eliminar completamente o trabalho vivo do processo de criação de mercadorias, sejam elas materiais ou imateriais, ele deve, além de incrementar sem limites o trabalho morto corporificado no maquinário tecnocientífico, aumentar a produtividade do trabalho de modo a intensificar as formas de extração do sobretrabalho (da mais-valia) em tempo cada vez mais reduzido. Vale lembrar que tempo e espaço se convulsionam nesta nova fase dos capitais mundializados. A redução do proletariado taylorizado, a ampliação do "trabalho intelectual" nas plantas produtivas de ponta e a ampliação generalizada dos novos proletários precarizados e terceirizados da "era da empresa enxuta" são fortes exemplos do que acima aludimos.

Como o capital tem um forte sentido de desperdício e de exclusão, é precisa a síntese de André Tosel:

> [...] é a própria "centralidade do trabalho abstrato que produz a não centralidade do trabalho, presente na massa dos excluídos do trabalho vivo" que, uma vez (des)socializados e (des)individualizados pela expulsão do trabalho, "procuram desesperadamente encontrar formas de individuação e

---

[10] "As práticas do trabalho em mutação", em Ricardo Antunes (org.), *Neoliberalismo, trabalho e sindicatos* (São Paulo, Boitempo, 1998).

de sociabilização nas esferas isoladas do não trabalho (atividade de formação, de benevolência e de serviços)" do chamado Terceiro Setor etc.[11]

A destrutividade que caracteriza a lógica do capital e de seu processo de acumulação e valorização se expressa também quando descarta e torna supérflua uma parcela enorme da força humana mundial que trabalha, da qual cerca de 1 bilhão e 200 milhões encontram-se precarizados ou desempregados, segundo dados da OIT.

A título de similitude: assim como o capital torna "supérfluas" suas mercadorias, sem as quais, entretanto, não pode sobreviver, o mesmo capital torna "supérflua" sua mercadoria força de trabalho, sem a qual também não pode sobreviver.

Essa forma flexibilizada de acumulação capitalista, baseada na reengenharia, na empresa enxuta, para lembrar algumas expressões do novo dicionário do capital, teve consequências enormes no mundo do trabalho. Podemos aqui tão somente indicar as mais importantes:

1) há uma crescente redução do proletariado fabril estável, que se desenvolveu na vigência do binômio taylorismo/fordismo e que vem diminuindo com a reestruturação, flexibilização e desconcentração do espaço físico produtivo, típico da fase do toyotismo;

2) há um enorme incremento do novo proletariado, do subproletariado fabril e de serviços, o que tem sido denominado mundialmente de trabalho precarizado. São os "terceirizados", subcontratados, *part-time*, entre tantas outras formas assemelhadas, que se expandem em inúmeras partes do mundo. Inicialmente, esses postos de trabalho foram preenchidos pelos imigrantes, como os *gastarbeiters* na Alemanha, o *lavoro nero* na Itália, os *chicanos* nos EUA, os *dekasseguis* no Japão etc. Mas hoje sua expansão atinge também os diversos trabalhadores especializados e remanescentes da era taylorista-fordista, que presenciam a desaparição de suas profissões;

3) há um incremento dos assalariados médios e de serviços, o que possibilita um significativo desenvolvimento no sindicalismo desses setores, ainda que o de serviços já presencie também níveis de desemprego acentuado;

---

[11] Cf. André Tosel em "Centralité et non-centralité du travail ou la passion des hommes superflus" em Jacques Bidet e Jacques Texier (Orgs.), *La crise du travail* (Paris, PUF, 1995, Actuel Marx Confrontation), p. 210.

4) há exclusão dos jovens e dos idosos do mercado de trabalho: os primeiros acabam muitas vezes engrossando as fileiras de movimentos neonazistas, e aqueles com cerca de 40 anos ou mais, quando desempregados e excluídos do trabalho, dificilmente conseguem novo emprego;
5) há uma inclusão precoce e criminosa de crianças no mercado de trabalho, particularmente nos países de industrialização intermediária e subordinada, como os países asiáticos, latino-americanos, mas que atinge também inúmeros países centrais, como a Itália;
6) Vivencia-se um aumento significativo do trabalho feminino que atinge mais de 40% da força de trabalho em diversos países avançados, e que tem sido absorvido pelo capital, preferencialmente no universo do trabalho *part-time*, precarizado e desregulamentado. No Reino Unido, por exemplo, o contingente feminino superou recentemente o masculino na composição da força de trabalho. Sabe-se que essa expansão do trabalho feminino tem, entretanto, significado inverso quando se trata da temática salarial e dos direitos, em que a desigualdade salarial, quando as mulheres são comparadas aos homens, contradita a sua crescente participação no mercado de trabalho. Seu percentual de remuneração é bem menor do que aquele auferido pelo trabalho masculino. O mesmo frequentemente ocorre no que concerne aos direitos e condições de trabalho.

Na divisão sexual do trabalho, operada pelo capital dentro do espaço fabril, geralmente as atividades de concepção ou aquelas baseadas em capital intensivo são preenchidas pelo trabalho masculino, enquanto aquelas dotadas de menor qualificação, mais elementares e frequentemente fundadas em trabalho intensivo, são destinadas às mulheres trabalhadoras (e, muito frequentemente, também aos trabalhadores/as imigrantes e negros/as). São constatações que aparecem nas pesquisas de Anna Pollert, Helena Hirata, Heleieth Saffioti e Liliana Segnini, entre outras pesquisadoras[12]. Aqui aflora outro elemento decisivo quando se tematiza

---

[12] Anna Pollert, "Team work on the Assembly Line" em Peter Ackers, Chris Smith e Paul Smith (Orgs.), *The New Workplace and Trade Unionism* (Londres, Routledge, 1996); Heleieth Saffiotti, "Violência de gênero: lugar da práxis na construção da subjetividade" em *Lutas Sociais*, São Paulo, PUC, nº 2, 1997; Liliana Segnini, *Mulheres no trabalho bancário* (São Paulo, Edusp/Fapesp, 1991); Helena Hirata, "Rapports

a questão do gênero no trabalho, articulando, portanto, a questão de gênero com as questões de classe e destas com o processo de emancipação do gênero/mulher e do gênero humano.

7) Tem ocorrido também uma expansão do trabalho no denominado "Terceiro Setor", especialmente em países capitalistas avançados, como EUA, Inglaterra, entre outros, que assume uma forma alternativa de ocupação por meio de empresas com perfil mais comunitário, motivadas predominantemente por formas de trabalho voluntário, abarcando um amplo leque de atividades em que predominam aquelas de caráter assistencial, sem fins diretamente lucrativos e que se desenvolvem relativamente à margem do mercado. O crescimento do Terceiro Setor decorre da retração do mercado de trabalho industrial e também da redução que começa a sofrer o setor de serviços, em decorrência do desemprego estrutural. Em verdade, ele é consequência da crise estrutural do capital, da sua lógica destrutiva vigente, bem como dos mecanismos utilizados pela reestruturação produtiva do capital visando reduzir trabalho vivo e ampliar trabalho morto. Nesse sentido, em nosso entendimento o Terceiro Setor não é uma alternativa efetiva e duradoura ao mercado de trabalho capitalista, mas cumpre um papel de funcionalidade ao incorporar parcelas de trabalhadores desempregados pelo capital, ainda que possa minimizar o problema do desemprego nos países em que o Terceiro Setor é amplo.

8) Para finalizar este desenho das tendências que vêm caracterizando o mundo do trabalho devemos mencionar também a expansão do trabalho em domicílio, propiciada pela desconcentração do processo produtivo, pela expansão de pequenas e médias unidades produtivas, de que é exemplo a "Terceira Itália". Com a introdução da telemática, com a expansão das formas de flexibilização (e precarização) do trabalho, com o avanço da horizontalização do capital produtivo e com a necessidade de atender a um mercado mais "individualizado", o trabalho em domicílio vem presenciando formas de expansão em várias partes do mun-

---

sociaux de sexe et division du travail" em Jacques Bidet e Jacques Texier (Orgs.), *La crise du travail* (Paris, PUF, 1995); idem, "Paradigmes du travail: un point de vue transversal" em *Paradigmes du Travail, Futur Antérieur* (Paris, L'Harmattan, 1993[2], n. 16); idem, *Nova divisão sexual do trabalho?* (São Paulo, Boitempo, 2002).

do. É mister acrescentar que o trabalho produtivo em domicílio, da qual se utilizam essas empresas, mescla-se com o trabalho reprodutivo doméstico, fazendo aflorar novamente a importância do trabalho feminino.

9) Essa conformação mais complexificada da classe trabalhadora assume, no contexto do capitalismo atual, uma dimensão decisiva dada pelo caráter transnacionalizado do capital e de seu sistema produtivo. Suas configurações local, regional e nacional se ampliam em laços e conexões na cadeia produtiva, que é cada vez mais internacionalizada. Assim como o capital é um sistema global, o mundo do trabalho e seus desafios são também cada vez mais transnacionais, embora a internacionalização da cadeia produtiva não tenha, até o presente, gerado uma resposta internacional por parte da classe trabalhadora, que ainda se mantém predominantemente em sua estruturação nacional, o que é um limite enorme para a ação dos trabalhadores. Com a reconfiguração, tanto do espaço quanto do tempo de produção, dada pelo sistema global do capital, há um processo de reterritorialização e também de desterritorialização. Novas regiões industriais emergem e muitas desaparecem, além de cada vez mais as plantas produtivas serem mundializadas, como a indústria automotiva, em que os carros mundiais praticamente substituem o carro nacional.

A conflituosidade entre trabalhadores nacionais e imigrantes é também um claro exemplo desse processo de transnacionalização da economia, reterritorialização e desterritorialização da força de trabalho, a que o movimento sindical não tem conseguido responder satisfatoriamente.

Desse modo, além das clivagens entre os trabalhadores estáveis e precários, homens e mulheres, jovens e idosos, nacionais e imigrantes, brancos e negros, qualificados e desqualificados, "incluídos e excluídos", e tantos outros exemplos que ocorrem no interior de um espaço nacional, a estratificação e a fragmentação do trabalho também se acentuam em função do processo crescente de internacionalização do capital.

Portanto, a classe trabalhadora fragmentou-se, heterogeneizou-se e complexificou-se ainda mais. Tornou-se mais qualificada em vários setores, como na siderurgia, em que houve uma relativa "intelectualização" do trabalho, mas desqualificou-se e precarizou-se em diversos ramos, como na indústria automobilística, na qual o ferramenteiro não tem mais a mesma importância, sem falar na redução ou mesmo eliminação de inspetores de qualidade, dos gráficos, dos mineiros, dos portuários, dos trabalhadores da construção naval etc. Criou-se, de um lado, em escala minoritária, o trabalhador "polivalente e multifuncional" da era informacional, capaz de operar máquinas com controle numérico e de, por vezes, exercitar com mais intensidade sua dimensão mais "intelectual"(sempre entre aspas). E, de outro lado, há uma massa de trabalhadores precarizados, sem qualificação, que hoje está presenciando as formas de *part-time*, emprego temporário, parcial, precarizado, ou mesmo vivenciando o desemprego estrutural. Esse é, em nosso entendimento, o eixo do debate sobre a crise da sociedade do trabalho, o que é muito diferente de dar adeus ao trabalho ou determinar gnosiologicamente o fim da centralidade do trabalho.

Portanto, nosso entendimento é o de que, por meio do estudo aprofundado das relações entre trabalho produtivo e improdutivo, manual e intelectual, material e imaterial, bem como a forma assumida pela divisão sexual do trabalho, a nova configuração da classe trabalhadora, entre outros elementos, nos é permitido recolocar e dar concretude à tese da centralidade da categoria trabalho, revitalizando o que Juan José Castillo chamou de ciências sociais do trabalho, contra a desconstrução teórica que foi realizada nos últimos tempos.

Ao contrário da propagada de substituição do trabalho pela ciência, ou ainda da substituição da produção de mercadorias pela esfera comunicacional, da tão falada substituição da produção pela informação, as novas formas de interpenetração existentes entre as atividades produtivas e as improdutivas, entre as atividades fabris e de serviços, entre atividades laborativas e as atividades de concepção, entre produção e conhecimento científico, que vêm se ampliando no mundo contemporâneo, configuram-se como elementos analíticos que em nosso entendimento conferem validade à forma contemporânea da centralidade do trabalho.

Quando se pensa na totalidade do trabalho no mundo produtivo, o trabalho abstrato (dispêndio de energia física e/ou intelectual, como disse Marx em *O capital*) cumpre papel decisivo na criação de valores de troca. A redução do tempo físico de trabalho no processo produtivo, bem como a redução do trabalho manual direto e a ampliação do trabalho mais intelectualizado, não parecem negar a lei do valor quando se considera a totalidade do trabalho, a capacidade de trabalho socialmente combinada, o trabalhador coletivo como expressão de múltiplas atividades combinadas, ou, se quisermos, a potência presente no trabalho vivo

Quando se fala da crise da sociedade do trabalho, é absolutamente necessário qualificar a dimensão do que se está tratando: se é uma crise da sociedade do trabalho abstrato (como sugere Robert Kurz) ou se se trata da crise do trabalho também em sua dimensão *concreta*, como elemento estruturante do intercâmbio social entre os homens e a natureza (como sugerem Offe, Gorz, Habermas, Dominique Méda, entre tantos outros). No primeiro caso, o da crise da sociedade do trabalho abstrato, há uma diferenciação que nos parece decisiva e que, em geral, tem sido negligenciada. A questão essencial aqui é: a sociedade contemporânea é ou não predominantemente movida pela lógica do capital, pelo sistema produtor de mercadorias, pelo processo de valorização do capital? Se a resposta for afirmativa, a crise do trabalho abstrato somente poderá ser entendida como a redução do trabalho vivo e a ampliação do trabalho morto, além, é claro, de uma maior ou menor dimensão intelectual ou manual presente no trabalho abstrato.

Como criador de valores de uso, coisas úteis, forma de intercâmbio entre o ser social e a natureza, não nos parece plausível conceber, no universo da sociabilidade humana, a extinção do trabalho social em seu sentido (auto)formativo. Se é possível visualizar, para além do capital, a eliminação da sociedade do trabalho abstrato – ação essa naturalmente articulada ao fim da sociedade produtora de mercadorias –, é algo ontologicamente distinto supor ou conceber o fim do trabalho como atividade útil, como atividade vital, como elemento fundante, protoforma da atividade humana, como lembrou Lukács em sua *Ontologia do ser social**.

Em outras palavras: uma coisa é conceber, com a eliminação do capital e de seu sistema de metabolismo social, o fim do trabalho abstrato, do trabalho estranhado e alienado; outra, muito distinta, é conceber a eliminação, no universo da sociabilidade humana, do trabalho concreto, que cria coisas socialmente úteis e que, ao fazê-lo, (auto)transforma o seu próprio criador. Uma vez que se concebe o trabalho desprovido dessa sua dupla dimensão, resta identificá-lo como sinônimo de trabalho abstrato, trabalho estranhado e fetichizado. Como *tripalium*. A consequência que disso decorre é, então, na melhor das hipóteses, imaginar uma

---

* A ser publicada, completa e em nova tradução, pela Boitempo em 2012.

sociedade do "tempo livre", com algum sentido, mas que conviva com as formas existentes de trabalho estranhado e fetichizado.

Quando concebemos a forma contemporânea do trabalho como expressão do trabalho social, que é mais complexificado, socialmente combinado e ainda mais heterogêneo e intensificado nos seus ritmos e processos, não podemos concordar com as teses que desconsideram o processo de criação de valores de troca. (Ao contrário, defendemos a tese de que a sociedade do capital e sua lei do valor necessitam cada vez menos do trabalho estável e cada vez mais das diversificadas formas de trabalho parcial ou *part-time*, terceirizado, que são, em escala crescente, parte constitutiva do processo de produção capitalista). Terceirização essa que atinge tanto os trabalhadores manuais como os trabalhadores intelectuais, que dispõem do que Bourdieu chamou de maior capital cultural, mas que também têm sido intensamente terceirizados.

Exatamente porque o capital não pode eliminar o trabalho vivo do processo de criação de valores, ele deve aumentar a utilização e a produtividade do trabalho de modo a intensificar as formas de extração do sobretrabalho em tempo cada vez mais reduzido. Portanto, uma coisa é ter a necessidade imperiosa de reduzir a dimensão variável do capital e a consequente necessidade de expandir sua parte constante. Outra, muito diversa, é imaginar que, eliminando completamente o trabalho vivo, o capital possa continuar se reproduzindo. A redução do proletariado estável, herdeiro do taylorismo/fordismo, a ampliação do trabalho intelectual no interior das plantas produtivas modernas e o aumento generalizado das formas de trabalho precarizado, desenvolvidos intensamente na "era da empresa flexível" e da desverticalização produtiva, são fortes exemplos da vigência da lei do valor, uma vez que é a própria forma assumida pela centralidade do trabalho abstrato que produz as formas de descentramento do trabalho, presentes na expansão monumental do desemprego estrutural.

Quando concebemos a forma contemporânea do trabalho, também não podemos concordar com a tese da transformação da ciência na principal força produtiva, em substituição ao valor-trabalho, que se teria tornado inoperante (conforme a tese de Habermas em *Técnica e ciência como "ideologia"*[13]).

Essa formulação, ao converter a ciência em principal força produtiva, de algum modo desconsidera ou minimiza as interações existentes

---

[13] São Paulo, Abril, 1975, col. Os Pensadores.

entre trabalho vivo e avanço tecnocientífico sob as condições do desenvolvimento e expansão capitalista. Não se trata, portanto, de dizer que a teoria do valor-trabalho não reconhece o papel crescente da ciência, mas que esta se encontra tolhida em seu desenvolvimento pela base material das relações sociais do capital, a qual não pode superar. E é por essa restrição estrutural que a ciência não pode se converter na principal força produtiva dotada de autonomia. Prisioneira dessa base material, menos do que uma cientificização da tecnologia de que fala Habermas, há, conforme sugere Mészáros, um processo de tecnologização da ciência.

Ontologicamente prisioneiros do solo material estruturado pelo capital, o saber científico e o saber laborativo mesclam-se mais diretamente no mundo contemporâneo. Vários experimentos, dos quais o projeto Saturno da General Motors – anteriormente mencionado – foi exemplar, fracassaram ao procurar automatizar o processo produtivo desconsiderando sua interação com os trabalhadores. As máquinas inteligentes não podem *extinguir* o trabalho vivo. Ao contrário, a sua introdução utiliza-se do trabalho intelectual operário que, ao interagir com a máquina informatizada, acaba também por transferir parte dos seus atributos intelectuais à nova máquina que resulta desse processo. Estabelece-se, então, um complexo processo interativo entre trabalho e ciência produtiva, que não leva à extinção do trabalho, mas a um processo de retroalimentação que gera a necessidade de encontrar uma força de trabalho ainda mais complexa, multifuncional, que deve ser explorada de maneira mais intensa e sofisticada, ao menos nos ramos produtivos dotados de maior incremento tecnológico.

Com a conversão do trabalho vivo em trabalho morto, a partir do momento em que, pelo desenvolvimento dos *softwares*, a máquina informacional passa a desempenhar atividades próprias da inteligência humana, o que se pode presenciar é aquilo que Lojkine denominou objetivação das atividades cerebrais junto à maquinaria, transferência do saber intelectual e cognitivo da classe trabalhadora para a maquinaria informatizada. A transferência de capacidades intelectuais para a maquinaria informatizada, que se converte em linguagem da máquina própria da fase informacional, por meio dos computadores, acentua a transformação de trabalho vivo em trabalho morto. Mas não pode eliminá-lo.

Há ainda em curso na sociedade contemporânea outra tendência criada pela crescente imbricação entre trabalho material e imaterial, uma vez que se presencia, no mundo contemporâneo, além da monumental precarização do trabalho acima referida, uma significativa expansão do trabalho dotado de maior dimensão intelectual, quer nas atividades industriais mais informatizadas, quer nas esferas compreendidas pelo setor de serviços ou nas comunicações, entre tantas outras. A expansão do trabalho em serviços, em esferas não diretamente produtivas, mas que muitas vezes desempenham atividades imbricadas com o trabalho produtivo, mostra-se como outra característica importante da noção ampliada de trabalho, quando se quer compreender o seu significado no mundo contemporâneo.

Desse modo, o trabalho imaterial expressa a vigência da esfera informacional da forma-mercadoria: ele é expressão do conteúdo informacional da mercadoria, exprimindo as mutações do trabalho no interior das grandes empresas e do setor de serviços, em que o trabalho manual direto está sendo substituído pelo trabalho dotado de maior dimensão intelectual. Trabalhos material e imaterial, na imbricação crescente que existe entre ambos, encontram-se, entretanto, centralmente subordinados à lógica da produção de mercadorias e de capital. Capturando a tendência da expansão da atividade intelectual dentro da produção, disse Jean-Marie Vincent:

> [...] a própria forma-valor do trabalho se metamorfoseia. Ela assume crescentemente a forma-valor do trabalho intelectual-abstrato. A força de trabalho intelectual produzida dentro e fora da produção é absorvida como mercadoria pelo capital que lhe incorpora para dar novas qualidades ao trabalho morto [...]. A produção material e a produção de serviços necessitam crescentemente de inovações, tornando-se por isso cada vez mais subordinadas a uma produção crescente de conhecimento que se converte em mercadorias e capital.[14]

A nova fase do capital, sob a era da "empresa enxuta", da empresa toyotista, portanto, retransfere o *savoir-faire* para o trabalho, mas o faz apropriando-se crescentemente da sua dimensão intelectual, das suas capacidades cognitivas, procurando envolver mais forte e intensamente a subjetividade existente no mundo do trabalho. Mas o processo não se restringe a essa dimensão, uma vez que parte do saber intelectual é transferido para as máquinas informatizadas, que se tornam mais inteligentes, reproduzindo parte das atividades a elas transferidas pelo saber

---

[14] Jean-Marie Vincent, "Les automatismes sociaux et le 'general intellect'", *Futur Antérieur*, Paris, L'Harmattan, nº 16 (*Paradigmes du travail*) 1993[2], p. 121.

intelectual do trabalho. Como a máquina não pode suprimir o trabalho humano, ela necessita de uma maior interação entre a subjetividade que trabalha e a nova máquina inteligente. E, nesse processo, o envolvimento interativo aumenta ainda mais o estranhamento e a alienação do trabalho, ampliando as formas modernas da reificação, distanciando-se ainda mais a subjetividade do exercício daquilo que Nicolas Tertulian, na esteira do Lukács da maturidade, sugestivamente denominou como exercício de uma subjetividade autêntica e autodeterminada. O mundo produtivo do capital quer a "plenitude" de uma subjetividade inautêntica e heterodeterminada. O que nos leva a outra complexa discussão, impossível de ser aqui feita, que trata das formas contemporâneas da alienação e do estranhamento. Basta pensar no individualismo exacerbado, no culto do subjetivismo pós-moderno, no propalado fim das ideologias, das ações de classe etc.

Portanto, em vez da substituição do trabalho pela ciência, ou ainda da substituição da produção de valores pela esfera comunicacional, da substituição da produção pela informação, o que se pode presenciar no mundo contemporâneo é uma maior inter-relação, uma maior interpenetração entre as atividades produtivas e as improdutivas, entre as atividades fabris e de serviços, entre atividades laborativas e as atividades de concepção, que se expandem no contexto da reestruturação produtiva do capital. O que remete ao desenvolvimento de uma concepção ampliada para se entender sua forma de ser do trabalho no capitalismo contemporâneo, e não à sua negação.

As recentes ações de resistência dos trabalhadores sinalizam, em nosso entendimento, para formas contemporâneas de confrontação assumidas entre o capital social total e a totalidade do trabalho. Essas recentes greves e explosões sociais presenciadas pelos países capitalistas do Norte e do Sul constituem-se como importantes exemplos das novas formas de confrontação social contra o capital e da vigência da centralidade do trabalho. São ações que articulam luta social e luta ecológica (será possível uma atualização do socialismo sem articulá-lo com a luta ecológica? Será possível uma luta ecológica séria sem que ela esteja imbuída de um ideário socialista?) São ações que articulam luta de classes com luta de gênero, ação social com luta étnica. (A mesma indagação feita acima vale para essas formas de ação social: será possível uma atualização do socialismo sem articulá-lo com a luta étnica? Será possível uma luta socialista séria sem que ela esteja articulada com a questão de gênero?)

Podemos exemplificar isso com a explosão social dos negros em Los Angeles em 1992, a rebelião de Chiapas no México, a emergência do Movimento dos Trabalhadores Sem Terra (MST) no Brasil. Ou com as inúmeras greves ampliadas dos trabalhadores, como a dos empregados das empresas públicas na França, em novembro/dezembro de 1995, a longa greve dos trabalhadores portuários em Liverpool, que durou quase três anos, de 1995 até 1998, ou a greve de cerca de 2 milhões de metalúrgicos na Coreia do Sul, em 1997, contra a precarização e flexibilização do trabalho. Ou, ainda, a recente greve dos transportadores da United Parcel Service, em agosto de 1997, com 185 mil paralisados, articulando uma ação conjunta entre trabalhadores *part--time* e *full-time*; ou a greve dos trabalhadores da General Motors, nos EUA, em 1998, contra a terceirização e precarização do trabalho, que paralisou praticamente o sistema mundial de produção dessa empresa automobilística.

Isso sem falar das recentes batalhas de Seattle contra a OMC, e de Washington contra o Banco Mundial, ambas nos EUA. Ou dos confrontos deste Primeiro de Maio de um novo século que se inicia ou um velho século que finda. Essas ações, entre tantas outras, muitas vezes mesclando elementos desses polos diferenciados da classe trabalhadora, constituem-se em importantes exemplos dessas novas confrontações e da vigência da centralidade do trabalho contra a lógica destrutiva que preside a sociabilidade contemporânea.

Elas não parecem confirmar, mas infirmar, negar o que Habermas equivocadamente caracterizou como "pacificação dos conflitos sociais". Elas recuperam, isso sim, aquela que talvez seja a batalha central da humanidade hoje: a busca de uma vida cheia de sentido dentro e fora do trabalho. O que mostra, em nosso entendimento, a força e a centralidade contemporânea do trabalho.

Podemos, portanto, afirmar que as teses que defendem o fim da centralidade do trabalho como traço constitutivo da chamada "crise da sociedade do trabalho", sua substituição pela esfera comunicacional ou da intersubjetividade encontram seu contraponto quando se parte de uma concepção abrangente e ampliada de trabalho, que contempla tanto sua dimensão coletiva quanto subjetiva, tanto na esfera do trabalho produtivo quanto improdutivo, tanto material quanto imaterial, bem como nas formas assumidas pela divisão sexual do trabalho, pela nova configuração da classe trabalhadora, entre os vários elementos aqui apresentados.

Podemos afirmar também que, em vez da substituição do trabalho pela ciência, ou ainda da substituição da produção de valores de troca pela esfera comunicacional ou simbólica, da substituição da produção pela informação, o que vem ocorrendo no mundo contemporâneo é uma maior inter-relação, maior interpenetração entre as atividades produtivas e as improdutivas, entre as atividades fabris e de serviços, entre atividades laborativas e as atividades de concepção, entre produção e conhecimento científico, que se expandem fortemente no mundo contemporâneo.

Procuramos, por fim, mostrar ainda que foi a própria forma assumida pela sociedade do trabalho abstrato que possibilitou, por meio da constituição de uma massa de trabalhadores expulsos do processo produtivo, a aparência da sociedade fundada no descentramento da categoria trabalho, na perda de centralidade do trabalho no mundo contemporâneo. Mas, que o entendimento das mutações em curso no mundo do trabalho nos obriga a ir além das aparências. O que recoloca a questão da crise da sociedade do trabalho. E também recoloca a questão e a atualidade da centralidade do trabalho hoje.

2

A DESMEDIDA EMPRESARIAL
na sociedade da "qualidade total"

Estamos vivenciando a plenitude da sociedade involucral, geradora do descartável e do supérfluo. Nesta era da sociedade do *entertainment*, do qual o *shopping center*, esse verdadeiro templo de consumo do capital, faz aflorar com toda a evidência o sentido de desperdício e de superfluidade que caracteriza a lógica societal contemporânea, o que as classes médias altas e especialmente as classes proprietárias têm em abundância, de modo compulsivo, a maioria dos que vivem do seu trabalho (ou que dele são também excluídos) não podem nem sequer ter acesso visual. Nem mesmo no universo do imaginário...

Foi contra essa sociedade involucral que os recentes movimentos sociais urbanos, mesclando criatividade e criticidade, por meio das "visitas" de dezenas de trabalhadores sem-teto, inicialmente a um *shopping center* e, posteriormente, a um supermercado do Rio de Janeiro, estamparam sua repulsa e seu descontentamento, cujo significado parece cristalino: a sociedade do consumo destrutivo e supérfluo, ao mesmo tempo em que cria necessidades múltiplas de consumo fetichizado e estranhado, impede que os verdadeiros produtores da riqueza social participem até mesmo do universo (restrito e manipulado) do consumo. Parece que os homens e mulheres sem-trabalho, os despossuídos do campo e das cidades, os assalariados precarizados em geral, as chamadas "classes perigosas", começam a questionar a lógica que preside a sociedade atual. Vieram para mostrar à sociedade sua injustiça, desigualdade, iniquidade e sua superfluidade. E para (re)conquistar seu sentido de humanidade e de dignidade.

Algo similar vem ocorrendo em tantas partes do mundo. Desde a explosão de Seattle, nos Estados Unidos, contra a Organização Mundial do Comércio (OMC), que "protestos antiglobalização e anticapitalismo têm se tornado rotina durante os encontro intergovernamentais", ao referir-se à confrontação que então ocorria em Nice, na França[1]. As manifestações ocorridas em 1º de maio de 2000, em tantas partes do mundo, são outros exemplos mais recentes dessas novas manifestações, eivadas de sentido e significados, que o MST, entre nós, tem sido pioneiro.

Essa destrutividade se expressa também quando descarta e torna supérflua uma parcela enorme da força humana mundial que trabalha, da qual cerca de um terço está realizando trabalhos parciais, precarizada ou desempregada. Isso porque o capital necessita cada vez menos do trabalho estável e cada vez mais de trabalho *part-time*, terceirizado, que se encontra em enorme crescimento no mundo produtivo industrial e de serviços.

Como o capital não pode se reproduzir sem alguma forma de interação entre trabalho vivo e trabalho morto, ambos necessários para a produção das mercadorias, sejam elas materiais ou imateriais, eleva-se a produtividade do trabalho ao limite, intensificando os mecanismos de extração do sobretrabalho em tempo cada vez menor, por meio da ampliação do trabalho morto corporificado no maquinário tecnocientífico, traços esses constitutivos do processo de *liofilização organizativa* da "empresa enxuta", como sugestivamente denominou o sociólogo espanhol Juan J. Castillo.

Aqui vale uma similitude entre o descarte e superfluidade do trabalho e o descarte e superfluidade da produção em geral, presente por exemplo na questão da chamada "qualidade total". Como pude desenvolver mais longamente em *Os sentidos do trabalho*, na presente fase de intensificação da taxa de utilização decrescente do valor de uso das mercadorias, a falácia da qualidade torna-se evidente: quanto mais "qualidade total" os produtos alegam ter, menor é o seu tempo de duração. A necessidade imperiosa de reduzir o tempo de vida útil dos produtos, visando a aumentar a velocidade do ciclo reprodutivo do

---

[1] *The Guardian*, 8/12/2000.

capital, faz com a "qualidade total" seja, na maior parte das vezes, o invólucro, a aparência ou o aprimoramento do supérfluo, uma vez que os produtos devem durar cada vez menos para que tenham uma reposição ágil no mercado. A "qualidade total", por isso, deve se adequar ao sistema de metabolismo sócio-reprodutivo do capital, afetando desse modo tanto a produção de bens e serviços como as instalações, maquinários e a própria força humana de trabalho.

Desse modo, o apregoado desenvolvimento dos processos de "qualidade total" converte-se na expressão fenomênica, involucral, aparente e supérflua de um mecanismo produtivo gerador do descartável e do supérfluo, condição para a reprodução ampliada do capital e seus imperativos expansionistas e destrutivos.

Não falamos aqui somente dos *fast-foods* (do qual o McDonald's é exemplar), a marca da sociedade do *entertainment*, que despeja toneladas de descartáveis no lixo após um lanche produzido sobre o ritmo seriado e fordizado. Poderíamos lembrar também do tempo médio de vida útil estimados dos automóveis mundiais, cuja durabilidade é cada vez mais reduzida. Ou ainda a indústria de computadores, expressão da tendência depreciativa e decrescente do valor de uso das mercadorias, em que um sistema de *softwares* torna-se obsoleto e desatualizado em tempo bastante curto, obrigando o consumidor a adquirir a nova versão.

As empresas, na competitividade travada entre elas, visando reduzir o tempo entre produção e consumo, incentivam ao limite essa tendência restritiva do valor de uso das mercadorias. Precisando acompanhar a competitividade existente em seu ramo produtivo, os capitais desencadeiam uma lógica que se intensifica crescentemente, da qual a "qualidade total" é um mecanismo intrínseco e funcional. Com a redução dos ciclos de vida útil dos produtos, os capitais não têm outra opção, para sua sobrevivência, senão "inovar" ou correr o risco de serem ultrapassados pelas empresas concorrentes, conforme ocorreu, por exemplo, com a empresa transnacional de computadores Hewlett Packard: paralelamente à "inovação" constante de seu sistema computacional, o tempo de vida útil dos produtos também reduziu-se enormemente[2].

---

[2] Cf. Martin Kenney, "Value Creation in the Late Twentieth Century: The Rise of the Knowledge Worker", em Jim Davis, Thomas Hirschil e Michael Stack, *Cutting Edge: Technology, Information, Capitalism and Social Revolution* (Londres/Nova York, Verso, 1997), p. 92.

Como o capital tem uma tendência expansionista intrínseca ao seu sistema produtivo, a "qualidade total" deve tornar-se inteiramente compatível com a lógica da produção supérflua e destrutiva. Por isso, em seu sentido e tendências mais gerais, o capitalismo, ao mesmo tempo em que reitera sua suposta capacidade de elevação da "qualidade total", converte-se de fato em inimigo da durabilidade dos produtos; desencorajando e mesmo inviabilizando práticas produtivas orientadas para as reais necessidades humano-sociais. Opõe-se frontalmente à longevidade dos produtos. A "qualidade total" torna-se, ela também, a negação da durabilidade das mercadorias. Quanto mais "qualidade" as mercadorias aparentam ter (e aqui novamente a aparência faz a diferença), menor tempo de duração elas devem efetivamente ter. Desperdício, superfluidade e destrutividade acabam sendo os seus traços determinantes.

Claro que aqui não se está questionando o que seria um efetivo avanço tecnocientífico quando pautado pelos reais imperativos humano-societais (o que não é o caso da lógica contemporânea), mas, sim, a engrenagem de um sistema de metabolismo social do capital que converte em descartável e supérfluo tudo que poderia ser preservado e reorientado, tanto para o atendimento efetivo dos valores de uso sociais quanto para se evitar uma destruição incontrolável e degradante da natureza, do meio ambiente, da relação metabólica entre homem e natureza.

Estamos presenciando o afloramento de um desses momentos de rebeldia, das lutas e ações que emergem das forças sociais do trabalho e das vítimas mais penalizadas desse sistema destrutivo e excludente. O sensível filme *Pão e rosas*, de Ken Loach, é uma feliz expressão, no plano estético, desse momento de rebeldia. Se parte dos anos 1970 e 1980 talvez possam ser vistos como anos que mesclaram (contraditoriamente) fascínio, resignação e desencanto, as décadas seguintes, a de 1990 e a que agora se inicia, por certo serão muito diferentes. O que pode possibilitar a retomada do que Goethe, em *Os anos de aprendizado de Wilhelm Meister*, assim sintetizou:

> Tão propenso anda o homem a dedicar ao que há de mais vulgar, com tanta facilidade se lhe embotam o espírito e os sentidos para as impressões do belo e do perfeito, que por todos os meios deveríamos conservar em nós essa faculdade de sentir. Pois não há quem possa passar completamente sem um prazer como esse, e só a falta de costume de desfrutar algo de bom é a causa de muitos homens encontrarem prazer no frívolo e no insulto, contanto que

seja novo. Deveríamos diariamente ouvir ao menos uma pequena canção, ler um belo poema, admirar um quadro magnífico, e, se possível, pronunciar algumas palavras sensatas.

O que não parece ser o sentido da sociedade involucral com sua "qualidade total".

3

A NOVA MORFOLOGIA DO TRABALHO
e o desenho multifacetado das ações coletivas

Os diferentes movimentos e explosões sociais, bem como a variedade de greves e rebeliões que presenciamos nessa fase de mundialização dos capitais, indicam que adentramos também numa nova fase de mundialização das lutas sociais e das ações coletivas. Ações que são desencadeadas ora a partir dos confrontos que emergem diretamente do mundo do trabalho – como as greves que ocorrem cotidianamente em tantas partes do mundo –, ora por meio das ações dos movimentos sociais dos desempregados, que compreendem a crescente e enorme parcela dos que se integram no mundo do trabalho pelo desemprego, pela desintegração.

Seattle, Praga, Nice, a confrontação social e política em Gênova, mais recentemente a explosão social na Argentina (desde dezembro de 2001) e em vários outros países da América Latina são exemplos por certo multifacetados, mas eivados de significados e consequências, e se constituem em importantes sinais de que uma nova era de embates sociais mundializados serão o traço constitutivo deste novo século que se inicia.

São, portanto, ricos exemplos das novas formas da confrontação social em curso contra a lógica destrutiva que preside a (des)sociabilidade contemporânea. Morfologia que deve ser compreendida a partir do (novo) caráter multifacetado do trabalho.

I

Se a classe trabalhadora (ou o proletariado) foi, ao longo dos séculos XIX e XX, predominantemente associada à ideia de trabalhadores manuais, fabris, egressos quase que exclusivamente do mundo industrial taylorista e fordista, uma noção contemporânea e ampliada de classe trabalhadora nos oferece hoje potencialidade analítica para captar os sentidos e as forças propulsoras dessas ações e desses embates que emergem no mundo em escala global e, desse modo, conferir maior vitalidade teórica (e política) ao mundo do trabalho contra a desconstrução intentada nas últimas décadas.

E, paralelamente à enorme ampliação do conjunto de seres sociais que vivem da venda de sua força de trabalho, da *classe-que-vive-do-trabalho* em escala mundial, tantos autores deram adeus ao proletariado, conferindo ao trabalho um valor em vias de desaparição, defendendo a ideia do descentramento e mesmo da desconstrução da categoria trabalho, acarretando a ideia do fim das possibilidades das ações humanas desencadeadas a partir do trabalho social[1].

Ao contrário dessas tendências, vamos procurar indicar, ainda que de modo sintético, a nova morfologia que emerge a partir do universo multifacetado do trabalho e suas múltiplas potencialidades.

Qual é a conformação atual da classe trabalhadora, ao menos em seu desenho mais genérico? Se a classe trabalhadora metamorfoseou-se, será que ela está vivendo um processo de definhamento e, portanto, está em vias de desaparição? Ela não tem mais um estatuto de centralidade, não tendo senão significação secundária quando se pensa no processo de sociabilidade humana? O trabalho, enfim, teria perdido seu sentido estruturante na ontologia do ser social?

Procuramos indicar, de modo sintético, alguns elementos analíticos que nos possibilitam responder de modo diverso a essas indagações.

Nosso primeiro desafio é procurar entender de modo abrangente o que é a classe trabalhadora hoje, que compreende a totalidade dos assalariados, homens e mulheres que vivem da venda da sua força de traba-

---

[1] Cf. Jürgen Habermas, *The Theory of Communicative Action: Reason and the Rationalization of Society* (Londres, Polity Press, 1991, v. 1) e *The Theory of Communicative Action: The Critique of Functionalist Reason* (Londres, Polity Press, 1992, v. 2); Dominique Méda, *Società senza lavoro: per una nuova filosofia dell'occupazione* (Milão, Feltrinelli, 1997).

lho e são despossuídos dos meios de produção, não tendo outra alternativa de sobrevivência senão a de vender sua força de trabalho sob a forma do assalariamento.

Nesse desenho amplo, compósito e, por certo, muito heterogêneo, a classe trabalhadora (ou *classe-que-vive-do-trabalho*) encontra seu núcleo central no conjunto dos trabalhadores produtivos, para lembrar Marx especialmente em seu *Capítulo VI inédito de O capital*[2]. Esse núcleo central, dado pela totalidade dos trabalhadores produtivos, compreende aqueles que produzem diretamente mais-valia e que participam também diretamente do processo de valorização do capital por meio da interação entre trabalho vivo e trabalho morto, entre trabalho humano e maquinário científico-tecnológico. Ele se constitui, por isso, no polo central da classe trabalhadora moderna.

Os produtos, as mercadorias (heterogêneas) que se esparramam (quase homogeneamente) pelos mercados mundiais nascem, em seu processo produtivo, da interação (em última instância inelíminável) entre trabalho vivo e trabalho morto, ainda que, ao longo dos anos 1980 e início da década de 1990, tenha sido (quase) uníssona a equívoca e eurocêntrica tese do fim do trabalho e da consequente perda de relevância e mesmo validade da teoria do valor[3].

Vale aqui registrar o depoimento do atual presidente da Nissan, Carlos Ghosn, um brasileiro que foi levar o processo de liofilização organizacional da transnacional nipônica ao limite. Depois de iniciar o processo de reestruturação da empresa – que custou a demissão de 21 mil trabalhadores – e desenvolver a ampliação da capacidade instalada que, segundo ele, operava em "sete fábricas de montagem com 50% de utilização da capacidade instalada e pode produzir a mesma coisa em quatro, com 70% da capacidade", acrescentou, ao referir-se à força do Japão:

> Os operários japoneses, ou seja, o operário que trabalha na fábrica, o vendedor de carros, o técnico no centro de manutenção, essas pessoas que realmente fazem a economia são de uma lealdade impressionante à empresa. Eles são capazes de fazer qualquer esforço, acima de todos os padrões que já vi... É comum, por exemplo, ver pessoas na Nissan trabalhando até a meia-

---

[2] Karl Marx, "Chapter Six" em Karl Marx e Friedrich Engels, *Collected Works* (Londres, Lawrence & Wishart, 1994), v. 34 (Marx: 1861/64).

[3] Jürgen Habermas, *Técnica e ciência como "ideologia"*, cit.; e *The Theory of Communicative Action: The Critique of Functionalist Reason*, cit.

-noite. A força do Japão, sem nenhuma dúvida, é na base japonesa, é essa força organizacional, é essa motivação, é essa lealdade. Não é o patrão de um lado e o empregado de outro lado. Não. Todo mundo junto em torno da empresa, e especialmente quando a empresa se encontra em dificuldade.[4]

Como o capital não pode eliminar o trabalho vivo do processo de mercadorias, sejam elas materiais ou imateriais, ele deve, além de incrementar sem limites o trabalho morto corporificado no maquinário tecnocientífico, aumentar a produtividade do trabalho de modo a intensificar as formas de extração do sobretrabalho em tempo cada vez mais reduzido. Como a noção de tempo e também a de espaço se convulsionam nesta nova fase dos capitais cada vez mais mundializados, o processo de liofilização organizacional também se intensificou enormemente.

Esse processo de liofilização organizacional (na feliz expressão que tomamos de Juan José Castillo e desenvolvemos em *Os sentidos do trabalho*) é basicamente caracterizado pela redução do trabalho vivo e a ampliação do trabalho morto, pela substituição crescente de parcelas de trabalhadores manuais pelo maquinário tecnocientífico, pela ampliação da exploração da dimensão subjetiva do trabalho, pela sua dimensão intelectual no interior das plantas produtivas, além de pela ampliação generalizada dos novos trabalhadores precarizados e terceirizados da "era da empresa enxuta"[5].

Portanto, uma primeira ideia central é a de que a classe trabalhadora hoje compreende não somente os trabalhadores ou as trabalhadoras manuais diretos, mas incorpora a totalidade do trabalho social, a totalidade do trabalho coletivo que vende sua força de trabalho como mercadoria em troca de salário. Como o trabalho produtivo pode ser tanto material (por certo ainda muito predominante no mundo produtivo global) como não material (para lembrar novamente Marx no *Capítulo VI inédito*), ou imaterial, a classe trabalhadora moderna compreende a totalidade do trabalho coletivo e social, nele incluído o núcleo central dos trabalhadores produtivos[6].

---

[4] *Folha de S.Paulo*, 6/1/2002, p. B6.

[5] Cf. Juan J. Castillo, *Sociologia del trabajo* (Madri, CIS, 1996) e "A la búsqueda del trabajo perdido" em A. Perez-Agote e I. S. de la Yucera (Orgs.), *Complejidad y teoría social* (Madri, CIS, 1996); e Ricardo Antunes, *Os sentidos do trabalho*, cit.

[6] A utilização que faço em meu livro, *Os sentidos do Trabalho*, do conceito de *trabalho material* foi alvo de uma consideração que já respondi no número 69 na Revista *Serviço Social e Sociedade*, a qual remeto o leitor. Aqui tão somente indico que,

Mas a classe trabalhadora incorpora também o conjunto dos trabalhadores improdutivos, cujas formas de trabalho são executadas por meio da realização de serviços, seja para uso público, como os serviços públicos tradicionais, seja para uso privado, para uso do capital, não se constituindo, por isso, como elemento direto no processo de valorização do capital e de criação de mais-valia.

Os trabalhadores improdutivos, sendo geradores de um antivalor no processo de trabalho capitalista, vivenciam situações objetivas e subjetivas que têm similitude com aquelas vivenciadas pelo trabalho produtivo. Eles pertencem ao que Marx chamou dos *falsos custos*, os quais, entretanto, são necessários para a sobrevivência do sistema capitalista[7].

Como todo trabalhador produtivo, ele é assalariado, mas a recíproca não é verdadeira, pois nem todo trabalhador assalariado é produtivo, uma noção contemporânea de classe trabalhadora deve incorporar a totalidade dos trabalhadores assalariados. Por isso, a caracterização da classe trabalhadora hoje deve ser, em nosso entendimento, mais abrangente do que a noção que o restringe exclusivamente ao trabalho indus-

---

na leitura que faço, inspirada em Marx (*Capítulo VI*), a dimensão *não material ou imaterial*, não pode suprimir ou desconsiderar a prevalência, no capitalismo contemporâneo, do *trabalho material*. G. Cocco afirma que o trabalho imaterial, em minha análise, é reduzido ao material. E também atribui a si a autoria de uma frase-síntese que foi proferida Francisco de Oliveira, na UFRJ, em abril de 1999, em banca de concurso público da qual participaram, além do próprio Chico de Oliveira, Nobuco Kameyama, José Paulo Netto, Evaldo Amaro Vieira e eu, para avaliar, entre outros, o referido autor.

Vale lembrar que, em seu texto, há uma sucessão quase interminável de erros e imprecisões conceituais, de que são exemplos: "O paradigma fundamental do pós-fordismo como modo de produção [sic] largamente socializado, baseado, portanto, sobre a [sic] comunicação social (esta é que alimenta a inovação às tecnologias da informação e a chamada economia do conhecimento) de atores flexíveis e móveis, é o do *trabalho imaterial*" (p. 38). E mais: "Enquanto o trabalhador taylorista executava em silêncio as ordens hierárquicas encravadas no barulho da maquinaria, o pós-fordista trabalha falando, comunicando" (p. 38). E, em sintonia de fundo com a barbárie neoliberal, ao qual o autor quer radicalizar, acrescenta: "Isto significa abandonar definitivamente a velha perspectiva de uma reconstituição do público a partir do reforço do papel do Estado e, ao contrário, aproveitar as brechas ligadas a [sic] seu enfraquecimento, aprofundar o processo de libertação que os neoliberais tentam usar, canalizar e limitar. (...) O projeto neoliberal não funciona porque é apenas superficialmente pós-estatal" (p. 44/5). Os desdobramentos pós-11 de Setembro que o digam.

[7] István Mészáros, *Para além do capital* (São Paulo, Boitempo, 2002).

trial, ao proletariado industrial ou ainda à versão que restringe o trabalho produtivo exclusivamente ao universo fabril.

O trabalho produtivo – fabril e extrafabril – constitui-se, tal como o concebemos, no núcleo fundamental da classe trabalhadora, que, entretanto, como classe, é mais abrangente e compreende também os trabalhadores que são assalariados mas não são diretamente produtivos. Portanto, uma noção ampliada, abrangente e contemporânea de classe trabalhadora, hoje, a *classe-que-vive-do-trabalho*, deve incorporar também aqueles e aquelas que vendem sua força de trabalho em troca de salário, como o enorme leque de trabalhadores precarizados, terceirizados, fabris e de serviços, *part-time*, que se caracterizam pelo vínculo de trabalho temporário, pelo trabalho precarizado, em expansão na totalidade do mundo produtivo. Deve incluir também o proletariado rural, os chamados boias-frias das regiões agroindustriais, além, naturalmente, da totalidade dos trabalhadores desempregados que se constituem nesse monumental exército industrial de reserva.

Estão excluídos, em nosso entendimento, isto é, não fazem parte da classe trabalhadora, os gestores do capital, que são parte constitutiva (objetiva e subjetivamente) das classes proprietárias, e exercem um papel central no controle, no mando, na hierarquia e na gestão do processo de valorização e reprodução do capital. Eles são as personificações assumidas pelo capital. Estão excluídos também aqueles que vivem de juros e da especulação[8].

Os pequenos empresários urbanos e rurais, proprietários dos meios de sua produção, estão em nosso entendimento excluídos da noção ampliada que aqui desenvolvemos de classe trabalhadora, porque não vendem seu trabalho diretamente em troca de salário, ainda que possam ser – e frequentemente, sejam – aliados importantes da classe trabalhadora assalariada.

Então, compreender a classe trabalhadora hoje, de modo ampliado, implica entender esse conjunto de seres sociais que vivem da venda da sua força de trabalho, que são assalariados e são desprovidos dos meios de produção. Nessa (nova) morfologia da classe trabalhadora, sua conformação é ainda mais fragmentada, mais heterogênea e mais complexificada do que aquela que predominou nos anos de apogeu do taylorismo e do fordismo.

---

[8] Cf. Ricardo Antunes, *Os sentidos do trabalho*, cit.; Ernest Mandel, "Marx, la crise actuelle et l'avenir du travail humain", *Quatrième Internationale*, nº 20, maio 1986.

É nesse novo mundo multifacetado do trabalho, com sua nova morfologia, que poderemos ainda encontrar os agentes centrais dos novos embates e das ações sociais que emergem na contemporaneidade. Claro que se trata de um empreendimento societal mais difícil, uma vez que para tanto se torna imprescindível resgatar o sentido de pertencimento de classe que a (des)sociabilização do capital e suas formas de dominação (incluindo a decisiva esfera da cultura) procuram de todo modo nublar, nessa era de enorme ampliação das clivagens existentes no interior do mundo do trabalho[9].

Hoje, muito mais do que durante a fase de hegemonia taylorista/fordista, o trabalhador é instigado a se autocontrolar, a autorrecriminar-se e, até mesmo, autopunir-se quando a produção não atinge a meta desejada (chegando até mesmo, em situações extremas como o desemprego e o fechamento de empresas, ao suicídio a partir do fracasso no trabalho). Ou se recrimina e se penitencia quando não se atinge a chamada "qualidade total", típica da fase da superfluidade, do caráter involucral e descartável das mercadorias, com suas marcas e signos, que faz que, muito frequentemente, quanto mais "qualidade total" os produtos tenham, menor seja o seu tempo de vida útil.

Dentro desse ideário, que alguns chamam de *mcdonaldização* do mundo, as resistências, as rebeldias e as recusas são inaceitáveis, são consideradas atitudes antissociais, contrárias "ao bom desempenho da empresa". Não é por outro motivo que as manifestações recentes contra a globalização e o capitalismo vêm acentuando sua oposição à mercadorização do mundo, em suas ações e passeatas, manifestando-se contrariamente à superfluidade e ao sentido de desperdício que caracterizam o mundo contemporâneo[10].

Dentro do espaço produtivo, o saber intelectual que foi relativamente desprezado pelo taylorismo-fordismo tornou-se, para o capital de nossos dias, uma mercadoria muito mais valiosa. As formas contemporâneas de vigência do valor levaram ao limite a capacidade operativa da lei do valor e a vigência do trabalho abstrato, que despende cada vez mais energia intelectual (além de material) para a produção de valores de

---

[9] Alain Bihr, *Da grande noite à alternativa: o movimento operário europeu em crise* (São Paulo, Boitempo, 1998).

[10] Cf. Naomi Klein, *Sem logo* (Rio de Janeiro, Record, 2002); Isleide Fontenelle, *O nome da marca: McDonald's, fetichismo e cultura descartável* (São Paulo, Boitempo, 2002).

troca. Novamente desencadeia-se um processo interativo entre trabalho vivo e trabalho morto, sob o comando de um tempo conduzido pelo ritmo cada vez mais informacional e intensificado.

O tangenciamento dessa problemática (e a sua compreensão, no limite, equivocada) levou Habermas a hiperdimensionar o papel da ciência e subdimensionar (eurocentricamente) o papel (diferenciado) do trabalho. Ao contrário da interatividade entre trabalho vivo e trabalho morto, Habermas visualizou um processo de *cientificização da tecnologia* quando, em verdade, ocorre um movimento de tecnologização da ciência[11] que não levou à eliminação do trabalhado vivo, mas a novas formas de interação no trabalho (visando sempre, por certo, à sua redução).

Ao contrário, portanto, da afirmação do fim do trabalho ou da classe trabalhadora há ainda dois pontos que nos parecem instigantes e de enorme importância no mundo do trabalho contemporâneo de que vamos tratar na sequência.

II

O primeiro ponto diz respeito às consequências da fragmentação do mundo do trabalho. Nos embates mundiais, hoje desencadeados pelos trabalhadores e/ou desempregados, que o mundo tem presenciado, de modo cotidiano, como no recente exemplo argentino, é possível detectar maior potencialidade e mesmo centralidade nos estratos mais qualificados da classe trabalhadora, naqueles que vivenciam uma situação mais "estável" e que têm, consequentemente, maior participação no processo de criação de valor? Ou, pelo contrário, nas ações sociais dos nossos dias, o polo mais fértil e rebelde encontra-se prioritariamente naqueles segmentos sociais mais subproletarizados?

Sabe-se que aqueles segmentos mais qualificados, mais intelectualizados, que se desenvolveram juntamente ao avanço tecnocientífico, pelo papel central que exercem no processo de criação de valores de troca, estão dotados, ao menos objetivamente, de maior potencialidade e força em suas ações. Mas, contraditoriamente, esses setores mais qualificados são objeto direto de intenso processo de manipulação e envolvimento no interior do espaço produtivo e de trabalho.

---

[11] István Mészáros, *O poder da ideologia* (São Paulo, Boitempo, 2004).

Podem vivenciar, por isso, subjetivamente, maior envolvimento, subordinação e heteronomia, e, particularmente nos seus segmentos mais qualificados, podem se tornar mais suscetíveis às ações de inspiração neocorporativa.

Em contrapartida, o enorme leque de trabalhadores precários, parciais, temporários, juntamente com o enorme contingente de desempregados, pelo seu maior distanciamento (ou mesmo "exclusão") do processo de criação de valores, teria, no plano da materialidade, um papel de menor relevo nas lutas anticapitalistas. Porém, sua condição de despossuído o coloca como, potencialmente, um polo social capaz de assumir ações mais ousadas, uma vez que esses segmentos sociais "não têm mais nada a perder" no universo da (des)sociabilidade contemporânea. Sua subjetividade poderia estar, portanto, mais propensa à rebeldia e às rebeliões. De novo, a experiência argentina merece nossa atenção especial.

Ao longo da década de 1990, o afloramento das lutas sociais pareceu indicar uma confluência e uma simultaneidade de ações e de agentes sociais.

A essas ações somaram-se, ao final da década e início do novo século, outras ações – a que já nos referimos neste texto, como as explosões de Seattle, Praga, Nice, a confrontação acirrada em Gênova, as ações do Fórum Social Mundial e mais recentemente a rebelião social que destituiu o presidente e vários de seus pretensos sucessores na república Argentina, em dezembro de 2001 –, ações diferenciadas que demonstram, cada uma em sua especificidade e singularidade, que as lutas sociais vão se acentuar muito neste novo século[12].

O segundo ponto bastante relevante, que gostaria de ao menos indicar, diz respeito à (nova) divisão social e sexual do trabalho, uma vez que há uma forte tendência de feminização, que abarca mais de 40% da força de trabalho em vários países capitalistas, especialmente os considerados mais avançados. Essa força de trabalho feminina tem preenchido, entretanto, centralmente o espaço do trabalho *part-time*, flexível, em grande medida, mas precarizado e desregulamentado[13].

---

[12] Cf. José Seoane e Emilio Taddei, "De Seattle a Porto Alegre: pasado, presente y futuro del movimiento anti-mundialización neoliberal" em *Resistencias mundiales: de Seattle a Porto Alegre* (Buenos Aires, CLACSO, 2001) [ed. bras.: *Resistências mundiais: de Seattle a Porto Alegre*, Rio de Janeiro, Vozes, 2001].

[13] Ver Cláudia Nogueira, *A feminização no mundo do trabalho* (Campinas, Autores Associados, 2004).

Sabe-se, entretanto, que essa expansão do trabalho feminino tem significado inverso quando se trata da temática salarial, em que a desigualdade salarial das mulheres contradita a sua crescente participação no mercado de trabalho. Seu percentual de remuneração é bem menor do que aquele auferido pelo trabalho masculino. O mesmo frequentemente ocorre no que concerne aos direitos e condições de trabalho.

Na divisão sexual do trabalho, operada pelo capital dentro do espaço fabril, geralmente as atividades de concepção ou aquelas baseadas em capital intensivo são preenchidas pelo trabalho masculino, enquanto aquelas dotadas de menor qualificação, mais elementares e frequentemente fundadas em trabalho intensivo são destinadas às mulheres trabalhadoras (e, muito frequentemente, também aos/às trabalhadores/as imigrantes e negros/as).

Nas pesquisas realizadas no mundo do trabalho no Reino Unido, Anna Pollert, ao tratar dessa temática sob o prisma da divisão sexual do trabalho, afirma que é visível a distinção entre os trabalhos masculino e feminino. Enquanto aquele se atém na maior parte das vezes às unidades em que é maior a presença de capital intensivo (com máquinas mais avançadas), o trabalho das mulheres é muito frequentemente restrito às áreas mais rotinizadas, em que é maior a necessidade de trabalho intensivo. Analisando uma fábrica tradicional de alimentos na Inglaterra, a Choc-Co, Pollert mostrou, conforme nos referimos anteriormente, ao fato de que justamente nas áreas de trabalho mais valorizadas na fabricação de chocolate predominam os homens trabalhadores, e, nas áreas ainda mais rotinizadas, que podem ser executadas pelo trabalho manual, tem sido crescente a presença feminina. E, quando se defronta com unidades tecnologicamente mais sofisticadas, sua pesquisa constatou que, ainda aqui, ao trabalho feminino tem sido reservada a realização de atividades rotinizadas, com menores índices de qualificação e nas quais são também mais constantes as formas de trabalhos temporário, *part-time* etc. O que a permitiu concluir que, na divisão sexual do trabalho operada pela reestruturação produtiva do capital na empresa pesquisada, podia ser percebida uma exploração ainda mais intensificada no universo do trabalho feminino[14].

---

[14] Cf. Anna Pollert, "Team Work on the Assembly Line: Contradiction and the Dynamics of Union Resilience" em P. Ackers, Chris Smith e Paul Smith, *The New Workplace and Trade Unionism: Critical Perspectives on Work and Organization* (Londres, Routledge, 1996), p. 186-8.

O capital, portanto, tem demonstrado capacidade de apropriar-se intensamente da polivalência e da multiatividade do trabalho feminino, da experiência que as mulheres trabalhadoras trazem das suas atividades realizadas na esfera do trabalho reprodutivo, do trabalho doméstico. Enquanto os homens – pelas condições histórico-sociais vigentes, que são também uma construção social sexuada – mostram mais dificuldade em se adaptar às novas dimensões polivalentes (em verdade, conformando níveis mais profundos de exploração), o capital tem se utilizado desse atributo social herdado pelas mulheres.

O que, portanto, é efetivo – ainda que limitado – momento de emancipação *parcial* das mulheres diante da exploração do capital e diante da opressão masculina, avanço caracterizado pela ampliação positiva da mulher no mundo do trabalho, o capital, por seu lado, converte em uma fonte que intensifica e aumenta ainda mais as desigualdades sociais entre os sexos no universo do trabalho.

Desse modo, foi a própria forma assumida pela sociedade do trabalho, regida pela destrutividade do capital e do mercado, que possibilitou, por meio da constituição de uma massa de trabalhadores expulsos do processo produtivo, a aparência da sociedade fundada no descentramento da categoria trabalho, na perda de centralidade do trabalho no mundo contemporâneo. Mas o entendimento das mutações em curso, bem como a elaboração de uma concepção ampliada de trabalho, tornam-se fundamentais para se entender a forma de ser do trabalho no mundo contemporâneo, sua nova morfologia, bem como o seu caráter multifacetado.

4

ALGUMAS TESES SOBRE O PRESENTE
(e o futuro) do trabalho

Como consequência das significativas mutações que ocorreram no mundo da produção e do trabalho nas últimas décadas do século XX, tornou-se frequente falar em "desaparição do trabalho"[1], em substituição da esfera do trabalho pela "esfera comunicacional"[2], em "perda de centralidade da categoria trabalho"[3], em "fim do trabalho"[4], ou, ainda, na versão mais qualificada e crítica à ordem do capital[5], para citar as formulações mais expressivas.

Neste texto, de forma sintética, vou procurar apresentar algumas teses que se contrapõem às ideias mencionadas. E o farei por meio da apresentação de *algumas* teses centrais que, no meu entendimento, fazem parte do presente (e do futuro) do trabalho.

I) Contra a equívoca desconstrução teórica realizada nas últimas décadas pelos chamados críticos da sociedade do trabalho, nosso grande

---

[1] Dominique Méda, *Società senza lavoro*, cit.
[2] Jürgen Habermas, *The Theory of Communicative Action: Reason and the Rationalization of Society*, cit., e *The Theory of Communicative Action: The Critique of Functionalist Reason*, cit.
[3] Claus Offe, "Trabalho como categoria sociológica fundamental?", em *Trabalho & Sociedade* (Rio de Janeiro, Tempo Brasileiro, 1989, v. 1).
[4] Jeremy Rifkin, *O fim dos empregos*, cit.
[5] Robert Kurz, *O colapso da modernização*, cit.

desafio é compreender a nova morfologia do trabalho, seu caráter multifacetado, polissêmico e polimorfo. Isso nos obriga a desenvolver uma noção ampliada e moderna de classe trabalhadora (que venho chamando, de modo sinônimo, de *classe-que-vive-do-trabalho*) que inclui a totalidade daqueles homens e mulheres que vendem sua força de trabalho em troca de salário[6].

Essa nova morfologia do mundo do trabalho tem como núcleo central os trabalhadores produtivos (no sentido dado por Marx, especialmente no *Capítulo VI*), e não se restringe ao trabalho manual direto, mas incorpora a totalidade do trabalho social e do trabalho coletivo assalariado. Como o trabalhador produtivo é aquele que produz diretamente mais-valia e que participa diretamente do processo de valorização do capital, ele detém, por isso, um papel de centralidade no interior da classe trabalhadora. E é preciso acrescentar que a moderna classe trabalhadora também inclui os trabalhadores improdutivos, aqueles cujas formas de trabalho são utilizadas como serviço, seja para uso público ou para o capitalista, e que não se constituem como elemento diretamente produtivo no processo de valorização do capital. Todavia, como há uma crescente imbricação entre trabalho produtivo e improdutivo no capitalismo contemporâneo, e como a classe trabalhadora incorpora essas duas dimensões básicas do trabalho sob o capitalismo, a noção ampliada nos parece fundamental para a compreensão do que é a classe trabalhadora hoje.

II) Uma noção ampliada de classe trabalhadora deve incluir também todos aqueles e aquelas que vendem sua força de trabalho em troca de salário, incorporando, além do proletariado industrial e dos assalariados do setor de serviços, também o proletariado rural, que vende sua força de trabalho para o capital. Incorpora o proletariado precarizado, o subproletariado moderno, *part-time*, o novo proletariado dos *McDonald's*, os trabalhadores terceirizados e precarizados, os trabalhadores assalariados da chamada "economia informal" – que muitas vezes são indiretamente subordinados ao capital –, além dos trabalhadores desempregados, expulsos do processo produtivo e do mercado de trabalho pela reestruturação do capital e que hipertrofiam o exército industrial de reserva na fase de expansão do desemprego estrutural.

III) A classe trabalhadora hoje exclui, naturalmente, os gestores do capital e seus altos funcionários, que detêm papel de controle no pro-

---

[6] Ricardo Antunes, *Os sentidos do trabalho*, cit., e *Adeus ao trabalho?*, cit.

cesso de trabalho, de valorização e reprodução do capital no interior das empresas, e que recebem rendimentos elevados, ou ainda aqueles que, de posse de um capital acumulado, vivem da especulação e dos juros. Exclui também, em meu entendimento, os pequenos empresários, as pequenas burguesias urbana e rural proprietárias.

IV) Compreender a classe trabalhadora hoje significa perceber também o significativo processo de feminização do trabalho, que atinge mais de 40% ou 50% da força de trabalho em diversos países, e que tem sido absorvido pelo capital, preferencialmente no universo do trabalho *part-time*, precarizado e desregulamentado. No Reino Unido, por exemplo, o contingente feminino superou, desde 1998, o contingente masculino na composição da força de trabalho. Sabe-se que essa nova divisão sexual do trabalho tem, entretanto, significado fortemente desigual ao serem comparados os salários e os direitos e condições de trabalho em geral. Nessa divisão sexual do trabalho, operada pelo capital dentro do espaço fabril, geralmente as atividades de concepção ou aquelas baseadas em capital intensivo são predominantemente realizadas pelo trabalho masculino, enquanto aquelas dotadas de menor qualificação e frequentemente fundadas em trabalho intensivo são prevalentemente destinadas às mulheres trabalhadoras e, muito frequentemente também, aos/às trabalhadores/as imigrantes e negros/as.

E, além disso, por meio da duplicidade do ato laborativo, a mulher trabalhadora é duplamente explorada pelo capital, tanto no espaço produtivo quanto no reprodutivo. Além de atuar crescentemente no espaço público, fabril e de serviços, ela realiza centralmente as tarefas próprias do trabalho doméstico, garantindo a esfera da reprodução societal, esfera do trabalho não diretamente mercantil, mas indispensável para a reprodução do sistema de metabolismo social do capital.

V) Como o capital é um sistema global, o mundo do trabalho e seus desafios são também cada vez mais mundializados, transnacionalizados e internacionalizados. Se a mundialização do capital e de sua cadeia produtiva é fato evidente, o mesmo não ocorre no mundo do trabalho, que ainda se mantém predominantemente nacional, o que é um limite enorme para a ação dos trabalhadores. Com a reconfiguração do espaço e do tempo de produção, há um processo de reterritorialização e também de desterritorialização, a partir do qual novas regiões industriais nascem e outras são eliminadas. Isso recoloca a confrontação social num patamar mais complexificado, dado pelo embate entre o capital social total e a totalidade do trabalho social.

VI) Quando concebemos a forma contemporânea do trabalho, não podemos concordar com as teses que desconsideram o novo processo de interação entre trabalho vivo e trabalho morto. O capital necessita, hoje, cada vez menos do trabalho estável e cada vez mais das diversificadas formas de trabalho parcial ou *part-time*, terceirizado, os trabalhadores hifenizados, que se encontram em explosiva expansão em todo o mundo. Como o capital não pode eliminar o trabalho vivo do processo de mercadorias, sejam elas materiais ou imateriais, ele deve, além de incrementar sem limites o trabalho morto corporificado no maquinário tecnocientífico, aumentar a produtividade do trabalho de modo a intensificar as formas de extração do sobretrabalho em um tempo cada vez mais reduzido. A redução do proletariado taylorizado, a ampliação do trabalho intelectual abstrato nas plantas produtivas de ponta e a ampliação generalizada dos novos proletários precarizados e terceirizados da "era da empresa enxuta" são fortes exemplos disso.

VII) No mundo do trabalho contemporâneo, o saber científico e o saber laborativo mesclam-se ainda mais diretamente. As máquinas inteligentes podem substituir grande parte do trabalho vivo, mas não podem eliminá-lo definitivamente. Ao contrário, a sua introdução utiliza-se do trabalho intelectual dos trabalhadores que, ao atuarem na máquina informatizada, transferem parte dos seus novos atributos intelectuais à nova máquina que resulta desse processo, dando novas conformações à teoria do valor. Estabelece-se um complexo processo interativo entre trabalho e ciência produtiva, que não leva à extinção do trabalho, como imaginou Habermas, mas a um processo de retroalimentação que necessita cada vez mais de uma força de trabalho ainda mais complexa, multifuncional, que deve ser explorada de maneira mais intensa e sofisticada, ao menos nos ramos produtivos dotados de maior incremento tecnológico.

Com a conversão do trabalho vivo em trabalho morto, a partir do momento em que, pelo desenvolvimento dos *softwares*, a máquina informacional passa a desempenhar atividades próprias da inteligência humana, o que se pode presenciar é um processo que Lojkine[7] denominou objetivação das atividades cerebrais junto à maquinaria, de trans-

---

[7] Jean Lojkine, *A revolução informacional* (São Paulo, Cortez, 1995).

ferência do saber intelectual e cognitivo da classe trabalhadora para a maquinaria informatizada. A transferência de capacidades intelectuais para a maquinaria informatizada, que se converte em linguagem da máquina própria da fase informacional por meio dos computadores, acentua a transformação de trabalho vivo em trabalho morto e recria novas formas e modalidades de trabalho.

VIII) Desenvolve-se na sociedade contemporânea outra tendência dada pela crescente imbricação entre trabalho material e imaterial, uma vez que se presencia, além da monumental precarização do trabalho (traço este central quando se analisa o mundo do trabalho hoje), um aumento das atividades dotadas de maior dimensão intelectual, quer nas atividades industriais mais informatizadas, quer nas esferas compreendidas pelo setor de serviços ou nas comunicações, entre tantas outras. O trabalho imaterial (ou não material, como disse Marx no *Capítulo VI*) expressa contemporaneamente a vigência da esfera informacional da forma-mercadoria: ele é expressão do conteúdo informacional da mercadoria, exprimindo as mutações do trabalho operário no interior das grandes empresas e do setor de serviços que são dotados de tecnologia de ponta. Trabalhos material e imaterial, na imbricação crescente que existe entre ambos, encontram-se, entretanto, centralmente subordinados à lógica da produção de mercadorias e de capital, como sugerem Vincent[8] e Tosel[9].

IX) Desse modo, em vez de desconsiderar o trabalho e substituir a lei de valor como medida societal prevalente, a nova fase dos capitais globais retransfere, em alguma medida, o *savoir-faire* para o trabalho, mas o faz apropriando-se crescentemente da sua dimensão intelectual, das suas capacidades cognitivas, procurando envolver mais forte e intensamente a subjetividade operária. Como a máquina não pode suprimir completamente o trabalho humano, ela necessita de uma maior interação entre a subjetividade que trabalha e a nova máquina inteligente. Nesse processo, o envolvimento interativo aumenta ainda mais o estranhamento e a alienação do trabalho, ampliando as formas modernas da reificação, por meio das subjetividades inautênticas e heterodeterminadas[10].

---

[8] Jean-Marie Vincent, "Les automatismes sociaux et le 'general intellect'", cit.

[9] André Tosel, "Centralité et non-centralité du travail ou la passion des hommes superflus", cit.

[10] Ver Nicolas Tertulian, "Le concept d'aliénation chez Heidegger et Lukács" em *Archives de Philosophie-Recherches et Documentation*, Paris, nº 56, julho/setembro 1993.

X) No contexto do capitalismo tardio, a tese habermasiana, presente em *The Theory of Communicative Action: the Critique of Functionalist Reason*, acerca da *pacificação dos conflitos de classes* encontra-se sob forte erosão e questionamento. Não só o *Welfare State* vem desmoronando no relativamente escasso conjunto de países nos quais ele teve efetiva vigência, como também as desmontagens presenciadas no *Estado Keynesiano* colocaram-no sob uma forte dimensão privatizante, desintegrando ainda mais a restrita base empírica de sustentação da tese habermasiana que propugnava pela pacificação das lutas sociais. Com a erosão crescente do *Welfare State*, a expressão fenomênica e contigente da pacificação dos conflitos de classes – a que Habermas queria conferir estatuto de determinação – vem dando mostras crescentes de envelhecimento precoce. E, o que pretendia ser, para Habermas, uma suposta crítica exemplificadora da incapacidade marxiana de compreender o capitalismo tardio é, de fato, uma enorme lacuna do constructo habermasiano. As recentes ações de resistência dos trabalhadores – especialmente desde Seattle, Nice, Praga e Gênova – contra a mercadorização do mundo são exemplos das novas formas de confrontação assumidas na era da mundialização do capital.

XI) Ao efetivar a disjunção analítica entre trabalho e interação, práxis laborativa e ação intersubjetiva, atividade vital e ação comunicativa, sistema e mundo da vida, Habermas distanciou-se do momento em que se realiza a articulação inter-relacional entre mundo da objetividade e da subjetividade, questão nodal para a compreensão do ser social. Habermas realiza uma sobrevalorização e disjunção entre essas dimensões decisivas da vida social, e a perda desse liame indissolúvel o levou a autonomizar equivocamente a chamada esfera comunicacional. Nesse sentido, quando Habermas fala em colonização do mundo da vida pelo sistema, ele oferece uma versão muito tênue diante do que vem ocorrendo no mundo contemporâneo, marcado pela vigência do trabalho abstrato, pela fetichização do mundo das mercadorias e pela crescente reificação da esfera comunicacional.

XII) Se esses pontos condensam alguns traços característicos da chamada "sociedade do trabalho" no final do século XX, o século que agora se inicia exige que reflitamos também acerca do futuro do trabalho ou do trabalho do futuro. E aqui aflora uma questão que, em meu entendimento, é essencial e que aqui somente sintetizo: uma vida cheia de sentido fora do trabalho supõe uma vida dotada de sentido dentro do trabalho. Não é possível compatibilizar trabalho desprovido de sentido com tempo verdadeiramente livre. Uma vida desprovida de sentido no trabalho é incompatível com uma vida cheia de sentido fora do trabalho. Em alguma medida, a esfera fora do trabalho estará maculada pela desefetivação que se dá no interior da vida laborativa.

Uma vida cheia de sentido em todas as esferas do ser social somente poderá efetivar-se por meio da demolição das barreiras existentes entre tempo de trabalho e tempo de não trabalho, de modo que, a partir de uma atividade vital cheia de sentido, autodeterminada, para além da divisão hierárquica que subordina o trabalho ao capital hoje vigente e, portanto, sob bases inteiramente novas, possa se desenvolver uma nova sociabilidade, na qual ética, arte, filosofia, tempo verdadeiramente livre e ócio, em conformidade com as aspirações mais autênticas suscitadas no interior da vida cotidiana, possibilitem a gestação de formas inteiramente novas de sociabilidade, em que liberdade e necessidade se realizem mutuamente. Se o trabalho se torna dotado de sentido, será também (e decisivamente) por meio da arte, da poesia, da pintura, da literatura, da música, do tempo livre, do ócio, que o ser social poderá humanizar-se e emancipar-se em seu sentido mais profundo.

XIII) Se o fundamento das ações sociais for voltado radicalmente contra as formas de (des)sociabilização e mercadorização do mundo, a batalha imediata pela redução da jornada ou do tempo de trabalho se tornará inteiramente compatível com o direito ao trabalho (em jornada reduzida e sem redução de salário). Desse modo, a reivindicação central, para o mundo do trabalho, pela imediata redução da jornada (ou do tempo) de trabalho, e a luta pelo emprego, são profundamente articuladas e complementares, e não excludentes. E o empreendimento societal por um trabalho cheio de sentido e pela vida autêntica fora do trabalho, por um tempo disponível para o trabalho e por um tempo verdadeiramente livre e autônomo fora do trabalho – ambos, portanto, fora do controle e comando opressivo do capital – convertem-se em elementos essenciais na construção de uma sociedade não mais regulada pelo sistema de metabolismo social do capital e seus mecanismos de subordinação. O que nos leva a indicar, em última tese, alguns fundamentos societais elementares para uma nova forma de organização societal.

XIV) O exercício do trabalho autônomo, eliminado o dispêndio de tempo excedente para a produção de mercadorias, e eliminado também o tempo de produção destrutivo e supérfluo (esferas estas hoje controladas pelo capital), possibilitará o resgate verdadeiro do sentido estruturante do trabalho vivo, contra o sentido (des)estruturante do trabalho abstrato. Isso porque, sob o sistema de metabolismo social do capital, o trabalho que estrutura o capital também *desestrutura* o ser social. O trabalho assalariado que dá sentido ao capital gera uma subjetividade inautêntica no próprio ato de trabalho.

Numa forma de sociabilidade superior, o trabalho, ao reestruturar o ser social, terá como corolário a desestruturação do próprio capital. E, avançando na abstração, esse mesmo trabalho autônomo, autodeterminado e produtor de coisas úteis tornará sem sentido e supérfluo o capital, gerando as condições sociais para o florescimento de uma subjetividade autêntica e emancipada. Dando, desse modo, um novo sentido ao trabalho e dando à vida um novo sentido. Resgatando a dignidade e o sentido de humanidade social que o mundo atual vem fazendo desmoronar. E que o século XXI poderá conquistar.

5

A DIALÉTICA DO TRABALHO

A história da realização dos seres sociais, ao longo de seu processo de desenvolvimento histórico-social, sabemos, objetiva-se por meio de produção e reprodução da existência humana. Para isso, os indivíduos iniciam um ato laborativo básico, desenvolvido pelo processo de trabalho.

É a partir do trabalho em sua realização cotidiana que o ser social distingue-se de todas as formas pré-humanas. É por demais conhecida aquela passagem de *O capital* em que Marx diferencia o pior arquiteto da melhor abelha: aquele

> obtém um resultado que já no início deste existiu na imaginação do trabalhador, e portanto idealmente. Ele não apenas efetiva uma transformação da forma da matéria natural; realiza, ao mesmo tempo, na matéria natural, seu objeto, que ele sabe que determina, como lei, a espécie e o modo de sua atividade e ao qual tem de subordinar sua vontade.[1]

Em outras palavras, o ser social dotado de consciência tem previamente concebida a configuração que quer imprimir ao objeto do trabalho no ato de sua realização. No trabalho, o momento distinguidor, essencialmente separatório, é constituído pelo ato consciente que, no ser social, deixa de ser um mero epifenômeno da reprodução biológica.

---

[1] Karl Marx, *O capital* (São Paulo, Abril Cultural, 1983), v. 1, livro primeiro, t. 1, p. 149-50.

Ao pensar e refletir, ao externar sua consciência, o ser social se humaniza e se diferencia das formas anteriores do ser social.

Foi isso que permitiu a Lukács fazer a síntese que segue: "O trabalho é um ato de por consciente e, portanto, pressupõe um conhecimento concreto, ainda que jamais perfeito, de determinadas finalidades e de determinados meios"[2].

O trabalho mostra-se, então, como momento fundante de realização do ser social, condição para sua existência; é, por isso, ponto de partida para a humanização do ser social. Não foi outro o sentido dado por Marx ao afirmar, em *O capital*:

> Como criador de valores de uso, como trabalho útil, é o trabalho, por isso, uma condição de existência do homem, independentemente de todas as formas de sociedade, eterna necessidade natural de mediação do metabolismo entre homem e natureza e, portanto, vida humana.[3]

Por meio do processo de trabalho, com seu desenvolvimento na história humana,

> tem lugar uma dupla transformação. Por um lado, o próprio homem que trabalha, é transformado pelo seu trabalho; ele atua sobre a natureza; "desenvolve as potências nela ocultas" e subordina as forças da natureza "ao seu próprio poder". Por outro lado, os objetos e as forças da natureza são transformados em meios, em objetos de trabalho, em matérias-primas etc.[4]

Esse processo de transformação recíproca faz com que o trabalho social se converta em elemento central do desenvolvimento da sociabilidade humana.

Agora precisamos introduzir um outro elemento analítico importante. Quando se estuda o trabalho humano, é fundamental resgatar a distinção feita por Marx entre trabalho concreto e trabalho abstrato. Em suas palavras:

> Todo trabalho é, por um lado, dispêndio de força de trabalho do homem no sentido fisiológico, e nessa qualidade de trabalho humano igual ou trabalho humano abstrato gera o valor das mercadorias. Todo trabalho é, por outro lado, dispêndio de força de trabalho do homem sob forma especificamente

---

[2] G. Lukács, "As bases ontológicas do pensamento e da atividade do homem", *Temas de Ciências Humanas*, São Paulo, Ciências Humanas, nº 4, 1978, p. 8.
[3] Karl Marx, *O capital*, cit., v. 1, p. 50.
[4] G. Lukács, "As bases ontológicas...", cit., p. 16.

adequada a um fim, e nessa qualidade de trabalho concreto útil, produz valores de uso.[5]

De um lado, tem-se o caráter útil do trabalho, intercâmbio metabólico entre os homens e a natureza, condição para a produção de coisas socialmente úteis e necessárias. Trata-se aqui do momento em que se efetiva o trabalho concreto, o trabalho em sua dimensão essencialmente qualitativa.

Deixando de lado o caráter útil do trabalho, sua dimensão concreta, resta-lhe ser apenas o dispêndio de força humana produtiva, física ou intelectual, socialmente determinada. Aqui aparece a dimensão abstrata do trabalho, o trabalho abstrato, em que desaparecem as diferentes formas de trabalho concreto, que, segundo Marx, reduzem-se a uma única espécie de trabalho, o trabalho humano abstrato. Nesse último caso, trata-se de uma produção voltada para o mundo das mercadorias e da valorização do capital. O trabalho encontra-se envolto em relações capitalistas, que alteram em grande medida seu sentido histórico original. É o que trataremos a seguir.

O trabalho na ordem do capital

Se podemos considerar o trabalho como um momento fundante da sociabilidade humana, como ponto de partida do processo de seu processo de humanização, também é verdade que na sociedade capitalista o trabalho se torna assalariado, assumindo a forma de trabalho alienado. Aquilo que era uma finalidade básica do ser social – a busca de sua realização produtiva e reprodutiva no e pelo trabalho – transfigura-se e se transforma. O processo de trabalho se converte em meio de subsistência e a força de trabalho se torna, como tudo, uma mercadoria especial, cuja finalidade vem a ser a criação de novas mercadorias objetivando a valorização do capital.

Desfigurado em seu sentido primeiro, de criação de coisas úteis, o trabalho se torna meio, e não "primeira necessidade" de realização humana. Na formulação oferecida por Marx nos *Manuscritos econômico-filosóficos*, constata-se que "o trabalhador baixa à condição de mercadoria", torna-se "um ser estranho a ele, um meio da sua existência

---

[5] Karl Marx, *O capital*, cit., v. 1, p. 53.

individual"⁶. Como expressão da realidade capitalista, da sociedade regida pelo valor de troca, tem-se a dialética de riqueza e miséria, de acumulação e privação, do possuidor e do despossuído. Ainda de acordo com Marx,

> (O estranhamento do trabalhador em seu objeto se expressa, pelas leis nacional-econômicas, em que quanto mais o trabalhador produz, menos tem para consumir; que quanto mais valores cria, mais sem-valor e indigno ele se torna; quanto mais bem formado o seu produto, tanto mais deformado ele fica; quanto mais civilizado seu objeto, mais bárbaro o trabalhador; que quanto mais poderoso o trabalho, mais impotente o trabalhador se torna; quanto mais rico de espírito o trabalho, mais pobre de espírito e servo da natureza se torna o trabalhador.)[7]

Desse processo de trabalho na sociedade capitalista, tem-se como resultante a desrealização do ser social. Desenvolve-se um trabalho que se desefetiva em seu processo de trabalho. O resultado do processo de trabalho, o produto, aparece junto ao trabalhador como um ser alheio e estranho ao produtor. Tem-se, então, que essa realização efetiva do trabalho aparece como desefetivação do trabalhador[8].

Esse processo de alienação do trabalho (que Marx também denomina como estranhamento) não se efetiva apenas no resultado – a perda do objeto –, mas abrange também o próprio ato de produção, que é o efeito da atividade produtiva já alienada.

Se o produto é o resultado da atividade produtiva, resulta que esta se encontra também estranha ao trabalhador. Nas palavras de Marx: "No estranhamento do objeto do trabalho resume-se somente o estranhamento, a exteriorização na atividade do trabalho mesmo"[9].

O que significa dizer que, sob o capitalismo, o trabalhador não se satisfaz no trabalho, mas se degrada; não se reconhece, mas se nega.

> O trabalhador só se sente, por conseguinte e em primeiro lugar, junto a si [quando] fora do trabalho e fora de si [quando] no trabalho. Está em casa quando não trabalha e, quando trabalha, não está em casa. O seu trabalho não é, portanto, voluntário, mas forçado, *trabalho obrigatório*.

---

[6] K. Marx, *Manuscritos econômico-filosóficos* (São Paulo, Boitempo, 2004), p. 79 e 85.
[7] Ibidem, p. 82.
[8] Idem, p. 80.
[9] Idem, p. 82.

O trabalho não é, por isso, a satisfação de uma carência, mas somente um *meio* para satisfazer necessidades fora dele.[10]

Em seus "Extratos de leitura sobre J. Mill", no qual pela primeira vez apresenta o significado da alienação, Marx afirma: "Meu trabalho seria livre projeção exterior de minha vida, portanto desfrute de vida. Sob o pressuposto da propriedade privada (em troca) é estranhamento de minha vida, posto que trabalho para viver, para conseguir os meios de vida. Meu trabalho não é vida"[11].

O trabalho como atividade vital, verdadeira, sofre um enorme processo de redução:

> Uma vez pressuposta a propriedade privada, minha individualidade se torna estranhada a tal ponto, que esta atividade se torna odiosa, um suplício e, mais que atividade, aparência dela; por consequência, é também uma atividade puramente imposta e o único que me obriga a realizá-la é uma necessidade extrínseca e acidental, não a necessidade interna e necessária.[12]

Desse modo, a alienação, como expressão de uma relação social fundada na propriedade privada e no dinheiro, apresenta-se como "abstração da natureza específica, pessoal" do ser social que "atua como homem que se perdeu a si mesmo, desumanizado"[13]. O trabalhador, diz Marx, sente-se livremente ativo em suas funções animais (comer, beber, procriar etc.) e em suas funções humanas sente-se como um animal. O que é próprio da animalidade se torna humano e o que é próprio da humanidade torna-se animal[14]. Alienado e estranhado diante do produto do seu trabalho e diante do próprio ato de produção da vida material, o ser social torna-se um ser estranho diante de si mesmo: o homem estranha-se em relação ao próprio homem. Torna-se estranho em relação ao gênero humano[15].

Não se verifica o momento de identidade entre o indivíduo e o gênero humano, mas o seu contrário, visto que nas sociedades regidas pelo capital

---

[10] Idem, p. 83 (grifos do autor).

[11] Karl Marx, "Extractos de Lectura: James Mill", em *Obras de Marx y Engels*, *"Manuscritos de Paris y Anuários Franco-Alemanes: 1844"* (Barcelona, Grijalbo, 1978), p. 293.

[12] Ibidem, p. 299.

[13] Idem, p. 278.

[14] Karl Marx, *Manuscritos econômico-filosóficos*, cit., p. 84.

[15] Ibidem, p. 86.

o valor de uso (o produto do trabalho concreto) não serve para a satisfação das necessidades. Pelo contrário, sua essência consiste em satisfazer as necessidades do não possuidor. Ao trabalhador torna-se indiferente o tipo de valores de uso por ele produzido, não tendo com eles nenhuma relação. O que desenvolve para satisfazer suas necessidades é, ao contrário, expressão do trabalho abstrato: trabalha unicamente para manter-se, para satisfazer as meras necessidades "necessárias".[16]

Na concretude do capitalismo tem-se, portanto, que

> Tudo é "reificado", e as relações ontológicas fundamentais são viradas de cabeça para baixo. O indivíduo é confrontado com meros objetos (coisas, mercadorias), uma vez que seu "corpo inorgânico" – "natureza trabalhada" e capacidade produtiva externalizada – foi dele alienado. Ele não tem consciência de ser um "ser genérico" (...) dito de outro modo, um ser cuja essência não coincide diretamente com sua individualidade.[17]

A atividade produtiva, dominada pela fragmentação e isolamento capitalista, na qual os homens são atomizados, não realiza adequadamente a função de mediação entre o homem e a natureza, reificando e coisificando o homem e suas relações. Em lugar da consciência de ser social livre e emancipado, tem-se o culto da privacidade, a idealização do indivíduo tomado abstratamente[18].

Operou-se portanto, uma metamorfose básica no universo do trabalho humano sob as relações de produção capitalistas. Em vez do trabalho como atividade vital, um momento de identidade entre o indivíduo e o ser genérico, tem-se uma forma de objetivação do trabalho em que as relações sociais estabelecidas entre os produtores assumem, conforme disse Marx, a forma de relação entre os produtos do trabalho. A relação social estabelecida entre os seres sociais adquire a forma de uma relação entre coisas.

> A igualdade dos trabalhos humanos assume a forma material da igual objetividade de valor dos produtos de trabalho; a medida do dispêndio de forças de trabalho do homem, por meio de sua duração, assume a forma da grandeza de valor dos produtos de trabalho; finalmente, as relações entre os produtores, em que aquelas características sociais de seus trabalhos são ativadas, assumem a forma de uma relação social entre os produtos de trabalho.[19]

---

[16] Agnes Heller, *Teoria de las necesidades en Marx* (Barcelona, Península, 1986), p. 54.
[17] István Mészáros, *A teoria da alienação em Marx* (São Paulo, Boitempo, 2006), p. 80.
[18] Ibidem, p. 80-1.
[19] Karl Marx, *O capital*, cit., v. 1, p. 71.

Portanto, tem-se a prevalência da dimensão abstrata do trabalho, subordinando e reduzindo sua dimensão concreta, de trabalho útil. Disso resulta o que Marx denominou como o caráter misterioso ou fetichizado da mercadoria: ela encobre as dimensões sociais do próprio trabalho, mostrando-as como inerentes aos produtos do trabalho. Mascaram-se as relações sociais existentes entre os trabalhos individuais e o trabalho total, apresentando-as como relações entre objetos coisificados: "[...] não é mais nada que determinada relação social entre os próprios homens que para eles aqui assume a forma fantasmagórica de uma relação entre coisas"[20]. Na vigência do valor de troca, o vínculo social entre as pessoas se transforma em uma relação social entre coisas: a capacidade pessoal transfigura-se em capacidade das coisas[21]. Trata-se, portanto, de uma relação reificada entre os seres sociais.

A racionalização própria da grande indústria capitalista moderna tende, ao ser movida pela lógica do capital, a eliminar as propriedades qualitativas do trabalhador pela decomposição cada vez maior do processo de trabalho em operações parciais, fazendo que haja uma ruptura entre o elemento que produz e o produto desse trabalho. Este, é reduzido a um nível de especialização que acentua a atividade mecanicamente repetida. E essa decomposição moderna do processo de trabalho, de inspiração taylorista, "penetra até a 'alma' do trabalhador"[22]. Portanto, podemos dizer que, se por um lado, o trabalho é uma atividade humana central na história humana, em seu processo de sociabilidade, posteriormente, com o advento do capitalismo, deu-se uma transformação essencial que o alterou e complexificou. Marx utilizou-se de dois termos distintos (em inglês) para melhor caracterizar essa dimensão ampla do trabalho: *work* e *labour*. O primeiro termo (*work*), mais dotado de positividade, é por isso uma expressão mais aproximada da dimensão concreta do trabalho, que cria valores socialmente úteis e necessários. O segundo termo (*labour*) expressa a dimensão cotidiana do trabalho sob a vigência do capitalismo, aproxima-se mais da dimensão abstrata do trabalho, do trabalho alienado e desprovido de sentido humano e social.

---

[20] Ibidem, p. 71.
[21] Idem.
[22] Cf. G. Lukács, "La coisificación y la conciencia del proletariado" em *Historia y conciencia de clase* (Barcelona, Grijalbo, 1975), p. 129 [ed. bras.: *História e consciência de classe: estudos sobre a dialética marxista*, São Paulo, Martins Fontes, 2003].

O trabalho, entendido como *work*, seria expressão de uma atividade genérico-social, voltada para a produção social de valores de uso, sendo por isso o momento da predominância do trabalho concreto. Em contrapartida, ao usar o termo *labour*, a ênfase se volta para as atividades estranhadas e fetichizadas, que configuram o trabalho assalariado[23].

A desconsideração dessa dupla dimensão presente no mundo do trabalho, que lhe dá complexidade, vem fazendo que muitos autores entendam equivocadamente a crise da sociedade do trabalho abstrato como expressão da crise da sociedade do trabalho concreto. E, desse modo, faz que defendam equivocadamente o fim do trabalho.

---

[23] Cf. Agnes Heller, *Sociología de la vida cotidiana* (Barcelona, Península, 1977), p. 119--27, retomadas e desenvolvidas em Ricardo Antunes, *Os sentidos do trabalho* (cit.) e *Adeus ao trabalho?* (cit.).

6

O CARÁTER POLISSÊMICO
e multifacetado do mundo do trabalho

Neste ensaio vamos procurar apresentar as principais mutações que vêm ocorrendo no mundo do trabalho contemporâneo, em particular no seu universo produtivo. Vamos, para tanto, analisar as principais consequências dessas mutações no interior da classe trabalhadora, visando oferecer uma leitura alternativa e diferenciada em relação àquelas que defendem a tese do esgotamento ou, mesmo, do fim do trabalho (e da classe trabalhadora). Pretendemos demonstrar que uma visão ampliada de trabalho torna-se imprescindível para a compreensão da forma de ser do trabalho hoje.

É curioso como se amplia significativamente, em escala mundial, o conjunto dos homens e mulheres que vivem da venda de sua força de trabalho; tantos autores têm dado adeus ao proletariado, têm defendido a ideia do descentramento da categoria trabalho, de perda de relevância do trabalho como elemento estruturante da sociedade[1]. Seguiremos um caminho alternativo e contrário a essas teses, mostrando como há um processo heterogêneo e complexo quando se analisa a forma de ser da classe trabalhadora hoje.

---

[1] Cf. Dominique Méda, *Società senza lavoro*, cit., ; Jürgen Habermas, *The Theory of Communicative Action: Reason and the Rationalization of Society*, cit., e *The Theory of Communicative Action: The Critique of Functionalist Reason*, cit.; Jeremy Rifkin, *O fim dos empregos*, cit.; Claus Offe, "Trabalho como categoria sociológica fundamental?", cit.

Começamos então, com uma questão central: qual é a conformação atual da classe trabalhadora? Como se constitui a classe trabalhadora no mundo contemporâneo, após as diversas mutações que vêm ocorrendo na divisão sociotécnica do trabalho e na própria divisão internacional do trabalho sob a mundialização do capital[2]?

Nossa tese central é que, se a classe trabalhadora não é idêntica àquela existente em meados do século passado, ela também não está em vias de desaparição e nem ontologicamente perdeu seu sentido estruturante. Vamos, portanto, procurar compreendê-la, em sua conformação atual.

Devemos indicar, desde logo, que a classe trabalhadora hoje compreende a totalidade dos assalariados, homens e mulheres que vivem da venda da sua força de trabalho (a *classe-que-vive-do-trabalho*, conforme denominação que introduzimos em *Adeus ao trabalho?* e *Os sentidos do trabalho*) e que são despossuídos dos meios de produção. Mas ela vem presenciando um processo multiforme, cujas principais tendências indicaremos a seguir.

Com a retração do binômio taylorismo/fordismo, vem ocorrendo uma redução do proletariado industrial, fabril, tradicional, manual, estável e especializado, herdeiro da era da indústria verticalizada do tipo taylorista e fordista. Esse proletariado vem diminuindo com a reestruturação produtiva do capital, dando lugar a formas mais desregulamentadas de trabalho, reduzindo fortemente o conjunto de trabalhadores estáveis estruturados por meio de empregos formais[3].

Com o desenvolvimento da *lean production* e das formas de horizontalização do capital produtivo, bem como das modalidades de flexibilização e desconcentração do espaço físico produtivo, da introdução da máquina informatizada, como a "telemática" (que permite relações diretas entre empresas muito distantes), tem sido possível constatar uma redução desse proletariado[4].

Há, entretanto, contrariamente à tendência acima apontada, outra muito significativa e que se caracteriza pelo aumento do novo proleta-

---

[2] François Chesnais, *A mundialização do capital* (São Paulo, Xamã, 1996).

[3] Cf. Alain Bihr, *Da grande noite à alternativa*, cit.; Huw Beynon, "As práticas do trabalho em mutação" em Ricardo Antunes, *Neoliberalimo, trabalho e sindicatos: reestruturação produtiva no Brasil e na Inglaterra* (São Paulo, Boitempo, 1998).

[4] François Chesnais, *A mundialização do capital*, cit.

riado fabril e de serviços, em escala mundial, presente nas diversas modalidades de trabalho precarizado. São os terceirizados, subcontratados, *part-time*, entre tantas outras formas assemelhadas, que se expandem em escala global.

Anteriormente, esses postos de trabalho eram prioritariamente preenchidos pelos imigrantes, como os *gastarbeiters* na Alemanha, o *lavoro nero* na Itália, os *chicanos* nos EUA, os *dekasseguis* no Japão, entre tantos outros exemplos. Mas, hoje, sua expansão atinge também os trabalhadores remanescentes da era da especialização taylorista--fordista, cujas atividades vêm desaparecendo rapidamente. Com a desestruturação crescente do *Welfare State* nos países do Norte e com a ampliação do desemprego estrutural, os capitais transnacionais implementam alternativas de trabalho crescentemente desregulamentadas, "informais", de que são exemplo as distintas formas de terceirização.

Essa processualidade atinge, também, ainda que de modo diferenciado, os países subordinados de industrialização intermediária, como Brasil, México, Argentina, entre tantos outros da América Latina que, depois de uma enorme expansão de seu proletariado industrial nas décadas passadas, passaram a presenciar significativos processos de desindustrialização que resultaram na expansão do trabalho precarizado, parcial, temporário, terceirizado, informalizado etc., além de enormes níveis de desemprego, de trabalhadores/as desempregados/as[5].

É perceptível também, particularmente nas últimas décadas do século XX, uma significativa expansão dos assalariados médios no "setor de serviços", que inicialmente incorporou parcelas significativas de trabalhadores expulsos do mundo produtivo industrial como resultado do amplo processo de reestruturação produtiva, das políticas neoliberais e do cenário de desindustrialização e privatização. Nos EUA, esse contingente ultrapassa a casa dos 70%, tendência que se assemelha a do Reino Unido, França, Alemanha, bem como das principais economias capitalistas[6].

Se, entretanto, inicialmente deu-se uma forte absorção, pelo setor de serviços, daqueles/as que se desempregavam do mundo industrial,

---

[5] Adrian Sotelo, *La reestruturación del mundo del trabajo* (México, Itaca, 2003).
[6] Ellen Wood, "Labor, The State, and Class Struggle", *Montly Review*, Nova York, v. 49/3, julho/agosto 1997.

é necessário acrescentar também que as mutações organizacionais, tecnológicas e de gestão também afetaram fortemente o mundo do trabalho nos serviços, que cada vez mais se submetem à racionalidade do capital e à lógica dos mercados. Como exemplos, poderíamos lembrar a enorme redução do contigente de trabalhadores bancários no Brasil dos anos 1990 em função da reestruturação do setor, ou ainda daqueles serviços públicos que foram privatizados e geraram um enorme desemprego.

Com a inter-relação crescente entre mundo produtivo e setor de serviços, vale enfatizar que, em consequência dessas mutações, várias atividades no setor de serviços anteriormente consideradas improdutivas tornaram-se diretamente produtivas, subordinadas à lógica exclusiva da racionalidade econômica e da valorização do capital[7]. Uma consequência positiva dessa tendência foi o significativo aumento dos níveis de sindicalização dos assalariados médios, o que aumentou o universo dos trabalhadores/as assalariados/as na nova e ampliada configuração da classe trabalhadora[8].

Outra tendência presente no mundo do trabalho é a crescente exclusão dos jovens, que atingem a idade de ingresso no mercado de trabalho e que, sem perspectiva de emprego, acabam muitas vezes engrossando as fileiras dos trabalhos precários, dos desempregados, sem perspectivas de trabalho, dada a vigência da sociedade do desemprego estrutural.

Paralelamente à exclusão dos jovens, vem ocorrendo também a exclusão dos trabalhadores considerados "idosos" pelo capital, com idade próxima dos 40 anos e que, uma vez excluídos do trabalho, dificilmente conseguem reintegrar-se no mercado. Somam-se, desse modo, aos contingentes do chamado trabalho informal, aos desempregados, aos "trabalhos voluntários" etc. O mundo do trabalho atual tem recusado os trabalhadores herdeiros da "cultura fordista", fortemente especializados, e os substituem pelo trabalhador "polivalente e multifuncional" da era toyotista.

E, paralelamente a essa exclusão dos "idosos" e jovens em idade pós--escolar, o mundo do trabalho, nas mais diversas partes do mundo, no

---

[7] Jean Lojkine, *A revolução informacional*, cit.
[8] João Bernardo, *Transnacionalização do capital e fragmentação dos trabalhadores: ainda há lugar para os sindicatos?* (São Paulo, Boitempo, 2000).

Norte e no Sul, tem se utilizado da inclusão precoce e criminosa de crianças no mercado nas mais diversas atividades produtivas.

Como desdobramento das tendências acima apontadas, vem se desenvolvendo no mundo do trabalho uma crescente expansão do "Terceiro Setor", que assume uma forma alternativa de ocupação, por meio de empresas de perfil mais comunitários, motivadas predominantemente por formas de trabalho voluntário, abarcando um amplo leque de atividades em que predominam aquelas de caráter assistencial, sem fins diretamente mercantis ou lucrativos e que se desenvolvem relativamente à margem do mercado.

A expansão desse segmento é um desdobramento direto da retração do mercado de trabalho industrial e de serviços num quadro de desemprego estrutural. Essa forma de atividade social, movida predominantemente por valores não mercantis, tem se expandido por meio de trabalhos realizados no interior das ONGs e outros organismos ou associações similares. Trata-se, entretanto, de uma alternativa extremamente limitada para compensar o desemprego estrutural, não se constituindo, em nosso entendimento, numa alternativa efetiva e duradoura ao mercado de trabalho capitalista[9].

O "Terceiro Setor" acaba, em decorrência de sua própria gênese e configuração, exercendo um papel funcional no mercado, uma vez que incorpora parcelas de trabalhadores desempregados pelo capital e abandonados pela desmontagem do *Welfare State*. Se esse segmento tem a positividade de frequentemente atuar à margem da lógica mercantil, parece-nos, entretanto, um equívoco entendê-lo como uma real alternativa duradoura e capaz de substituir a sociedade capitalista e de mercado. Ela tem o papel, em última instância, de funcionalidade ao sistema.

Em suma: se o "Terceiro Setor" vem incorporando trabalhadores/as que foram expulsos/as do mercado de trabalho formal – passando a desenvolver atividades não lucrativas, não mercantis, reintegrando-os/as –, esse pode ser considerado seu traço positivo. Ao incorporar – ainda que de modo também precário – aqueles que foram expulsos do mercado formal de trabalho, esses seres sociais veem-se não mais como desempregados, plenamente excluídos, mas pessoas que realizam atividades efetivas, dotadas de algum sentido social e útil. Mas devemos

---

[9] Carlos Montaño, *Terceiro setor e questão social* (São Paulo, Cortez, 2002).

reiterar que essas atividades são funcionais ao sistema, que hoje se mostra completamente incapaz de absorver os desempregados e precarizados.

Com o desmonte do *Welfare State* e dos direitos sociais adquiridos ao longo da vigência da sociedade capitalista, essas atividades acabam suprindo em alguma medida as lacunas sociais que foram se abrindo. Como mecanismo minimizador do desemprego estrutural, elas cumprem uma função, ainda que limitadíssima. Porém, quando é concebida como um momento efetivo de transformação social, converte-se, em nosso entendimento, em uma nova forma de mistificação, que imagina ser capaz de alterar o sistema de capital em sua lógica, processo este que, sabemos, é muito mais complexo.

Outra tendência que gostaríamos de apontar é a da expansão do trabalho em domicílio, permitida pela desconcentração do processo produtivo, pela expansão de pequenas e médias unidades produtivas. Por meio da telemática, com a expansão das formas de flexibilização e precarização do trabalho, com o avanço da horizontalização do capital produtivo, o trabalho produtivo doméstico vem presenciando formas de expansão em várias partes do mundo.

Sabemos que a telemática (ou teleinformática) nasceu da convergência entre os sistemas de telecomunicações por satélite e a cabo, juntamente com as novas tecnologias de informação e a microeletrônica, possibilitando enorme expansão e agilização das atividades das transnacionais. Essa modalidade de trabalho tem se ampliado em grande escala; exemplos disso são a Benetton, a Nike, dentre as inúmeras empresas que vêm aumentando as atividades de trabalho produtivo realizado no espaço domiciliar ou em pequenas unidades produtivas, conectadas ou integradas às empresas. Desse modo, o trabalho produtivo a domicílio mescla-se com o trabalho reprodutivo doméstico, aumentando as formas de exploração do contingente feminino[10].

Há ainda uma última tendência que vamos indicar: no contexto do capitalismo mundializado, dado pela transnacionalização do capital e de seu sistema produtivo, a configuração do mundo do trabalho é cada vez mais transnacional. Com a reconfiguração, tanto do espaço quanto do tempo de produção, novas regiões industriais emergem e muitas desaparecem, além de se inserirem cada vez mais no mercado mundial, como a indústria automotiva, na qual os carros mundiais praticamente substituem o carro nacional.

---

[10] Ricardo Antunes, *Os sentidos do trabalho*, cit.

Esse processo de mundialização produtiva desenvolve uma classe trabalhadora que mescla suas dimensões local, regional e nacional com a esfera internacional. Assim como o capital se transnacionalizou, há um complexo processo de ampliação das fronteiras no interior do mundo do trabalho. Assim como o capital dispõe de seus organismos *internacionais*, a ação dos trabalhadores deve ser cada vez mais internacionalizada[11].

Podemos exemplificar isso com a greve dos trabalhadores metalúrgicos da General Motors nos EUA, em junho de 1998, iniciada em Michigan, em uma pequena unidade estratégica da empresa, e que teve repercussões profundas em vários países. A ampliação do movimento foi crescente, na medida em que frequentemente faltavam equipamentos e peças em diversas unidades da empresa. A unidade produtiva em Flint, que desencadeou a greve e que fornecia acessórios para os automóveis, ao paralisar suas atividades, afetou as demais unidades, paralisando praticamente todo o processo produtivo da GM por falta de equipamentos e peças. Além de todas as transformações indicadas anteriormente, a classe trabalhadora também se conforma mundialmente.

É esse, portanto, o desenho compósito, diverso, heterogêneo, polissêmico e multifacetado que caracteriza a nova conformação da classe trabalhadora, a *classe-que-vive-do-trabalho*: além das clivagens entre os trabalhadores estáveis e precários, homens e mulheres, jovens e idosos, nacionais e imigrantes, brancos e negros, qualificados e desqualificados, "incluídos e excluídos" etc. temos também as estratificações e fragmentações que se acentuam em função do processo crescente de internacionalização do capital.

Desse modo, para se compreender a nova forma de ser do trabalho, a classe trabalhadora de hoje, é preciso partir de uma concepção ampliada de trabalho. Ela compreende a totalidade dos assalariados, homens e mulheres que vivem da venda da sua força de trabalho, não se restringindo aos trabalhadores manuais diretos, incorporando também a totalidade do trabalho social, a totalidade do trabalho coletivo que vende sua força de trabalho como mercadoria em troca de salário.

Ela incorpora tanto o núcleo central do proletariado industrial, os trabalhadores produtivos que participam diretamente do processo de criação de *mais-valia* e da valorização do capital (que hoje, como vimos acima, transcende em muito as atividades industriais, dada a ampliação

---

[11] João Bernardo, *Transnacionalização do capital e fragmentação dos trabalhadores*, cit.

dos setores produtivos nos serviços), quanto os trabalhadores improdutivos, cujo trabalhos não criam mais-valia diretamente, uma vez que são utilizados como serviço, seja para uso público, como os serviços públicos, seja para uso capitalista. Podemos também acrescentar que os trabalhadores improdutivos, criadores de antivalor no processo de trabalho, vivenciam situações muito aproximadas com aquelas experimentadas pelo conjunto dos trabalhadores produtivos. Incorpora tanto os trabalhadores materiais, como aqueles e aquelas que exercem trabalho imaterial, predominantemente intelectual[12].

A classe trabalhadora, hoje, também incorpora o proletariado rural – que vende a sua força de trabalho para o capital –, de que são exemplos os assalariados das regiões agroindustriais, e incorpora também o proletariado precarizado, o proletariado moderno, fabril e de serviços, *part-time*, que se caracteriza pelo vínculo de trabalho temporário, pelo trabalho precarizado, em expansão na totalidade do mundo produtivo. Inclui, ainda, em nosso entendimento, a totalidade dos trabalhadores desempregados.

Naturalmente, de nosso desenho analítico não fazem parte da classe trabalhadora moderna os gestores do capital pelo papel central que exercem no controle, gestão e sistema de mando do capital. Estão excluídos também os pequenos empresários, a pequena burguesia urbana e rural que é proprietária e detentora, ainda que em pequena escala, dos meios de sua produção. E estão excluídos também aqueles que vivem de juros e da especulação[13].

Compreender, portanto, a *classe-que-vive-do-trabalho*, a classe trabalhadora hoje, de modo ampliado, implica em entender esse conjunto de seres sociais que vivem da venda da sua força de trabalho, que são assalariados e desprovidos dos meios de produção. Como todo trabalho produtivo é assalariado, mas nem todo trabalhador assalariado é produtivo, uma noção contemporânea de classe trabalhadora deve incorporar a totalidade dos/as trabalhadores/as assalariados/as.

---

[12] Karl Marx, *Capítulo VI (inédito)* (São Paulo, Ciências Humanas, 1978); Ricardo Antunes, *Os sentidos do trabalho*, cit.; Jean-Marie Vincent, "Flexibilité du travail et plasticité humaine" em Jacques Bidet e Jacques Texier, *La crise du travail*, cit.; André Tosel, "Centralité et non-centralité du travail ou La passion des hommes superflus" em Jacques Bidet e Jacques Texier, *La crise du travail*, cit.

[13] Ver também Ernest Mandel, "Marx, la crise actuelle et l'avenir du travail humain", *Quatrième Internationale*, Paris, nº 20, 1986

A classe trabalhadora, portanto, é mais ampla do que o proletariado industrial produtivo do século passado, embora este ainda se constitua em seu núcleo fundamental. Ela tem, portanto, uma conformação mais fragmentada, mais heterogênea, mais complexificada, mais polissêmica, mais multifacetada. Que somente pode ser apreendida se partirmos de uma noção ampliada de trabalho. E apresentar essa processualidade multiforme, como procuramos fazer neste texto, é muito diferente, como vimos, de afirmar o fim do trabalho ou, até mesmo, o fim da classe trabalhadora.

7

O TRABALHO ENTRE A PERENIDADE E A SUPERFLUIDADE
alguns equívocos sobre a descontrução do trabalho

I

A partir do início da década de 1970, como resposta do capital à sua própria crise, iniciou-se um processo de reorganização produtiva em escala global, ainda que de modo bastante diferenciado, bem como de seu sistema ideológico e político de dominação, cujos contornos mais evidentes foram o advento do neoliberalismo, a privatização do Estado, a desregulamentação dos direitos do trabalho e a desmontagem do setor produtivo estatal, da qual a era Thatcher-Reagan foi a expressão mais forte. A isso se seguiu também um intenso processo de reestruturação da produção e de trabalho, com o intuito de dotar o capital do instrumental necessário para tentar repor os patamares de expansão anteriores.

Esse período caracterizou-se, desde então, por uma ofensiva generalizada do capital e do Estado contra a classe trabalhadora e contra as condições vigentes durante a fase de apogeu do fordismo. Em meio a tanta destruição de forças produtivas, da natureza e do meio ambiente, há ainda uma ação destrutiva contra a força humana de trabalho, que tem enormes contingentes precarizados ou mesmo à margem do processo produtivo, elevando a intensidade dos níveis de desemprego estrutural. Apesar do significativo avanço tecnológico encontrado (que poderia possibilitar, em escala mundial, uma real redução da jornada ou tempo de trabalho, se ele não fosse controlado pela lógica do capital e, desse modo, expressão de uma forma de dominação), pode-se presenciar, em vários países, como a Inglaterra, uma política de prolongamento da jornada de trabalho.

Foi no contexto acima referido que o chamado toyotismo e a era da acumulação flexível emergiu no Ocidente. O quadro crítico, a partir dos anos 1970, expresso de modo contingente como crise do padrão de acumulação taylorista/fordista, já era expressão de uma crise estrutural do capital que se estende até os dias atuais, e fez com que, entre tantas outras consequências, o capital implementasse um vastíssimo processo de reestruturação, visando a recuperação do seu ciclo reprodutivo e, ao mesmo tempo, a reposição de seu projeto de dominação societal, que foi abalado pela confrontação e conflitualidade do trabalho no ciclo de lutas sociais em 1968/69, que questionaram alguns dos pilares da sociabilidade do capital e de seus mecanismos de controle social.

Opondo-se ao contra-poder que emergia das lutas sociais, o capital iniciou um processo de reorganização das suas formas de dominação societal, não só procurando reorganizar em termos capitalistas o processo produtivo, mas procurando gestar um projeto de recuperação da hegemonia nas mais diversas esferas da sociabilidade. O fez, por exemplo, no plano ideológico, por meio do culto de um subjetivismo e de um ideário fragmentador que faz apologia ao individualismo exacerbado contra as formas de solidariedade e de atuação coletiva e social.

Foi nesse contexto, social e politicamente adverso ao mundo do trabalho, que se desenvolveram as teses sobre a desconstrução ou o fim da centralidade do trabalho, ou ainda em sua forma mais eivada de rusticidade, marcada pela falácia do fim do trabalho. Todas, de algum modo, ancoradas na tese (equívoca e eurocêntrica) da desaparição ou definhamento da classe trabalhadora.

Em nosso entendimento é preciso, em contrapartida, exercer a crítica da crítica, e um modo de iniciá-la é mostrar alguns equívocos teóricos contemporâneos presentes nas teses sobre a desconstrução do trabalho.

Uma dessas teses diz respeito à superação do trabalho alienado na sociedade capitalista. Como tantos outros, esse conceito central da formulação marxiana teria se tornado inoperante.

Em nosso entendimento, ao contrário, a alienação ou, mais precisamente, o estranhamento (*Entfremdung*) do trabalho encontra-se, em sua essência, preservado. Ainda que fenomenicamente minimizado pela redução da separação entre o elaboração e a execução, pela redução dos níveis hierárquicos no interior das empresas, a subjetividade que emerge na fábrica ou nas esferas produtivas de ponta é expressão de uma existência inautêntica e estranhada, para recorrer à formulação de N. Tertulian[1]. Além do saber operário, que o fordismo expropriou e transferiu para a esfera da gerência científica, para os níveis de elaboração, a nova fase do capital, da qual o toyotismo é a melhor expressão, retransfere o *savoir-faire* para o trabalho, mas o faz apropriando-se crescentemente da sua dimensão intelectual, das suas capacidades cognitivas, procurando envolver mais forte e intensamente a subjetividade operária.

Mas o processo não se restringe a essa dimensão, uma vez que parte do saber intelectual é transferido para as máquinas informatizadas que se tornam mais inteligentes, reproduzindo parte das atividades a elas transferidas pelo saber intelectual do trabalho. Como a máquina não pode suprimir o trabalho humano, ela necessita de uma maior interação entre a subjetividade que trabalha e a nova máquina inteligente. E, nesse processo, o envolvimento interativo aumenta ainda mais o estranhamento do trabalho, amplia as formas modernas da reificação, distanciando ainda mais a subjetividade do exercício de uma cotidianidade autêntica e autodeterminada.

Se o estranhamento permanece e até mesmo se complexifica nas atividades de ponta do ciclo produtivo, naquela parcela aparentemente mais "estável" e inserida da força de trabalho que exerce o trabalho intelectual abstrato, o quadro é ainda mais intenso nos estratos precarizados da força humana de trabalho, que vivenciam as condições mais desprovidas de direitos e em condições de instabilidade cotidiana, dada pelo trabalho *part-time*, temporário, precarizado, para não falar nos crescentes contingentes que vivenciam o desemprego estrutural. Sob a condição da precarização ou da expulsão do trabalho, o estranhamento assume a forma ainda mais intensificada e mesmo brutalizada, pautada pela perda (quase) completa da dimensão de humanidade.

---

[1] Nicolas Tertulian, "Le concept d'aliénation chez Heidegger et Lukács", cit.

Da explosão de Los Angeles, em 1992, às explosões de desempregados da França, em expansão desde o início de 1997, desde Seattle, em 1999, às greves gerais na Itália e Espanha, no primeiro semestre de 2002, sem falar na rebelião dos desempregados na Argentina em 2001, assistimos a muitas manifestações de revolta contra os estranhamentos daqueles que são expulsos do mundo do trabalho e, consequentemente, impedidos de vivenciar uma vida dotada de algum sentido.

No polo mais intelectualizado da classe trabalhadora, que exerce seu trabalho intelectual abstrato, as formas de reificação têm uma concretude particularizada, mais complexificada (mais "humanizada" em sua essência desumanizadora), dada pelas novas formas de "envolvimento" e interação entre trabalho vivo e maquinaria informatizada. Nos estratos mais penalizados pela precarização/exclusão do trabalho, a reificação é diretamente mais desumanizada e brutalizada em suas formas de vigência. O que compõe o quadro contemporâneo dos estranhamentos ou das alienações no mundo do capital, diferenciados quanto à sua incidência, mas vigente enquanto manifestação que atinge a totalidade da *classe-que-vive-do-trabalho*.

II

Há uma segunda consideração que aqui gostaríamos de introduzir: trata-se da crítica à formulação de Habermas (em particular à sua *Teoria da Ação Comunicativa*, no que concerne à sua tentativa teórica de desconstrução do trabalho)[2]. Habermas, como sabemos, em sua crítica a Marx, realiza uma disjunção analítica essencial entre trabalho e interação, entre práxis laborativa e ação intersubjetiva, entre atividade vital e ação comunicativa, entre sistema e mundo da vida. Mas, ao fazê-la, perde o momento em que se realiza a articulação inter-relacional entre teleologia e causalidade, entre mundo da objetividade e da subjetividade, questão nodal para a compreensão do ser social. Habermas atribui a Marx a redução da esfera comunicacional à ação instrumental. Como contraposição, realiza uma sobrevalorização

---

[2] Jürgen Habermas, *The Theory of Communicative Action: Reason and the Rationalization of Society*, cit., e *The Theory of Communicative Action: The Critique of Functionalist Reason*, cit.

e disjunção entre essas dimensões decisivas da vida social, e a perda desse liame indissolúvel permite a Habermas valorizar e autonomizar a esfera comunicacional.

Nesse sentido, falar em colonização do mundo da vida pelo sistema parece ser, então, uma versão muito tênue, no mundo contemporâneo, frente à totalização operada pela vigência do trabalho abstrato e pela fetichização da mercadoria e suas repercussões reificadas no interior da esfera comunicacional. E o capitalismo, por certo, é muito mais do que um subsistema.

No nível mais abstrato, a limitação analítica habermasiana se efetiva pela perda da relação de distância e prolongamento existente entre o trabalho e a práxis interativa, que assume a forma relacional entre esferas que se tornaram dissociadas a partir da complexificação da vida societal. Enquanto para Habermas se opera um desacoplamento que leva à separação, para Lukács da *Ontologia do ser social* tem lugar um distanciamento, uma complexificação e uma ampliação que, entretanto, não rompem o liame e os vínculos indissolúveis entre essas esferas da sociabilidade, vínculos que ocorrem tanto na gênese como no próprio processo emancipatório[3].

Habermas, ao contrário, na disjunção que opera a partir da complexificação das formas societais, conferirá à esfera da linguagem e da comunicação o espaço e o sentido privilegiado da emancipação. Ambos, entretanto, conferem papel central à esfera da subjetividade, tanto na gênese quanto no vir a ser. Mas o tratamento que oferecem a essa categoria é complemente distinto. Para Habermas, o domínio da subjetividade é complementar ao mundo exterior, enquanto para Lukács essa separação é desprovida de significado.

Para Habermas, na disjunção que este realiza a partir da complexificação das formas societais, com a efetivação do desacoplamento entre sistema e mundo da vida e a consequente autonomização da intersubjetividade, caberá à esfera da linguagem e da razão comunicacional um sentido emancipatório. Em Lukács, ao contrário, os vínculos entre subjetividade e trabalho são indissolúveis. Assim, tanto na gênese do ser social quanto no seu desenvolvimento e no próprio processo emancipatório, o trabalho, como momento fundante da própria subjetividade humana, por meio da contínua realização das necessidades humanas, da

---

[3] G. Lukács, *Ontologia dell'essere sociale II* (Roma, Riuniti, 1981), v. 1 e 2.

busca da produção e reprodução da sua vida societal, da gênese da própria consciência do ser social, mostra-se como elemento ontologicamente essencial e fundante.

Se, para Habermas, o fim do "paradigma do trabalho" é uma constatação possível em decorrência de seus próprios pressupostos analíticos, para Lukács a complexificação societal não dissolveu o sentido original (e essencial) presente no processo de trabalho, entre teleologia e causalidade, entre mundo da objetividade e esfera da intersubjetividade.

No contexto do capitalismo tardio, a tese habermasiana da pacificação dos conflitos de classes encontra-se hoje, menos só de vinte anos de sua publicação, sofrendo forte questionamento. Não só o *Welfare State* vem desmoronando no relativamente escasso conjunto de países em que ele teve efetiva vigência, como também as mutações presenciadas no interior do Estado intervencionista acentuaram seu sentido fortemente privatizante. Desse quadro cheio de mutações, vem-se desintegrando também, e de maneira crescente, a base empírica limitada de sustentação da crítica habermasiana à pacificação das lutas sociais dada pela hegemonia do projeto social-democrático no interior do movimento dos trabalhadores. E, mesmo esse projeto apresentando-se vitorioso eleitoralmente, ele está cada vez mais distanciado dos valores do reformismo social-democrático que vigorou no pós-guerra.

Com a erosão crescente do *Welfare State* (e o consequente enfraquecimento de seu sistema de seguridade social), ao longo das últimas décadas, e, em particular, dos anos 1990, a expressão fenomênica e contigente da pacificação dos conflitos de classes – a que Habermas queria conferir estatuto de determinação – vem dando mostras crescentes de envelhecimento precoce. O que era uma suposta crítica exemplificadora da "incapacidade marxiana de compreender o capitalismo tardio" (que Habermas endereçou a Marx), mostra-se, em verdade, uma fragilidade do constructo habermasiano.

As recentes ações de resistência dos trabalhadores parecem, em verdade, sinalizar em direção oposta e exemplificam as formas contemporâneas de confrontação assumidas entre o capital social total e a totalidade do trabalho. E uma dessas lutas centrais é aquela voltada para a redução da jornada (ou do tempo) de trabalho. É o que trataremos a seguir, na parte final de nosso texto.

A luta pela redução da jornada diária (ou do tempo semanal) de trabalho tem sido uma das mais importantes reivindicações do mundo do trabalho, uma vez que se constitui num mecanismo de contraposição à extração do sobretrabalho, realizado pelo capital, desde sua gênese com a revolução industrial e, contemporaneamente, com a acumulação flexível da era do toyotismo e da máquina informacional. Desde o advento do capitalismo que a redução da jornada de trabalho mostra-se como central na ação dos trabalhadores, condição preliminar, conforme disse Marx, para uma vida emancipada.

Nos dias atuais, essa formulação ganha ainda mais concretude, pois mostra-se, contingencialmente, como um mecanismo importante (ainda que, quando considerado isoladamente, bastante limitado) para tentar minimizar o desemprego estrutural que atinge um conjunto enorme de trabalhadores e trabalhadoras. Mas transcende em muito essa esfera da imediaticidade, uma vez que a discussão da redução da jornada de trabalho configura-se como um ponto de partida decisivo, ancorado no universo da vida cotidiana, para, por um lado, permitir uma reflexão fundamental sobre o tempo, o tempo de trabalho, o autocontrole sobre o tempo de trabalho e o tempo de vida. E por outro, possibilitar o afloramento de uma vida dotada de sentido fora do trabalho.

Com isso entramos em outro ponto crucial, que também desenvolvemos no livro *Os sentidos do trabalho*: uma vida cheia de sentido fora do trabalho supõe uma vida dotada de sentido dentro do trabalho. Não é possível compatibilizar trabalho assalariado, fetichizado e estranhado com tempo (verdadeiramente) livre. Uma vida desprovida de sentido no trabalho é incompatível com uma vida cheia de sentido fora do trabalho. Em alguma medida, a esfera fora do trabalho estará maculada pela desefetivação que se dá no interior da vida laborativa.

Como o sistema global do capital dos nossos dias abrange também as esferas da vida fora do trabalho, a desfetichização da sociedade do consumo tem como corolário imprescindível a desfetichização no modo de produção das coisas. O que torna a sua conquista muito mais difícil se não se inter-relacionam decisivamente a ação pelo tempo livre com a luta contra a lógica do capital e a vigência do trabalho abstrato.

Uma vida cheia de sentido em todas as esferas do ser social, dada pela omnilateralidade humana, somente poderá efetivar-se por meio da demolição das barreiras existentes entre tempo de trabalho e tempo de não trabalho, de modo que, a partir de uma atividade vital cheia de sentido, autodeterminada, para além da divisão hierárquica que subordina o trabalho ao capital hoje vigente e, portanto, sob bases inteiramente novas, possa se desenvolver uma nova sociabilidade. Tecida por indivíduos (homens e mulheres) sociais e livremente associados, em que ética, arte, filosofia, tempo verdadeiramente livre e ócio, em conformidade com as aspirações mais autênticas suscitadas no interior da vida cotidiana, possibilitem as condições para a efetivação da identidade entre indivíduo e gênero humano, na multilateralidade de suas dimensões. Em formas inteiramente novas de sociabilidade, nas quais liberdade e necessidade se realizem mutuamente. Se o trabalho torna-se dotado de sentido, será também (e decisivamente) por meio da arte, da poesia, da pintura, da literatura, da música, do tempo livre, do ócio que o ser social poderá humanizar-se e emancipar-se em seu sentido mais profundo.

Se o fundamento da ação coletiva for voltado radicalmente contra as formas de (des)sociabilização do mundo das mercadorias, a luta imediata pela redução da jornada ou do tempo de trabalho se tornará inteiramente compatível com o direito ao trabalho (em jornada reduzida e sem redução de salário). Desse modo, a luta contemporânea imediata pela redução da jornada (ou do tempo) de trabalho e a luta pelo emprego, em vez de serem excludentes, tornam-se necessariamente complementares. E o empreendimento societal por um trabalho cheio de sentido e pela vida autêntica fora do trabalho, por um tempo disponível para o trabalho e por um tempo verdadeiramente livre e autônomo fora dele – ambos, portanto, fora do controle e comando opressivo do capital – convertem-se em elementos essenciais na construção de uma sociedade não mais regulada pelo sistema de metabolismo social do capital e seus mecanismos de subordinação.

O exercício do trabalho autônomo, eliminado o dispêndio de tempo excedente para a produção de mercadorias, e eliminado também o tempo de produção destrutivo e supérfluo (esferas estas controladas pelo capital), possibilitará o resgate verdadeiro do sentido estruturante do trabalho vivo, contra o sentido (des)estruturante do trabalho abstrato para o capital. Isso porque, sob o sistema de metabolismo social do capital, o trabalho que estrutura o capital desestrutura o ser social. O trabalho assalariado que dá sentido ao capital gera uma subjetividade inautêntica no próprio ato de trabalho. Numa forma de sociabilidade superior, o trabalho, ao reestruturar o ser social, terá desestruturado o capital. E esse mesmo trabalho autodeterminado que tornou sem sentido o capital gerará as condições sociais para o florescimento de uma subjetividade autêntica e emancipada, dando um novo sentido ao trabalho.

Portanto, apesar da heterogeneização, complexificação e fragmentação da classe trabalhadora, as possibilidades de uma efetiva emancipação humana ainda podem encontrar concretude e viabilidade social a partir das revoltas e rebeliões que se originam centralmente (e não exclusivamente) no mundo do trabalho; um processo de emancipação simultaneamente do trabalho, no trabalho e pelo trabalho. Essa formulação não exclui nem suprime outras formas importantes de rebeldia e contestação. Mas, vivendo numa sociedade que produz mercadorias, valores de troca, as revoltas do trabalho acabam tendo estatuto de centralidade. Todo o amplo leque de assalariados que compreendem o setor de serviços, mais os trabalhadores "terceirizados", os trabalhadores do mercado informal, os "trabalhadores domésticos", os desempregados, os subempregados etc., podem somar-se aos trabalhadores diretamente produtivos, e, por isso, atuando como classe, constituírem-se no segmento social dotado de maior potencialidade anticapitalista.

Do mesmo modo, a luta ecológica, os movimentos feministas e tantos outros novos movimentos sociais têm maior vitalidade quando conseguem articular suas reivindicações singulares e autênticas com a denúncia à lógica destrutiva do capital (no caso do movimento ecologista) e do caráter fetichizado, estranhado e "desrealizador" do gênero humano, gerado pela lógica societal do capital (no caso do movimento feminista). Essa possibilidade depende, evidentemente, das particularidades sócioeconômicas de cada país, da sua inserção na (nova) divisão internacional do trabalho, bem como da própria subjetividade dos seres sociais que vivem do trabalho, de seus valores políticos, ideológicos, culturais, valorativos, de gênero etc.

As inúmeras formas assumidas pelas lutas sociais nos países capitalistas, do Norte e também do Sul, constituem-se em importantes exemplos das novas formas de confrontação social contra o capital, dada a nova morfologia do trabalho e seu caráter multifacetado. Elas mesclam elementos desses polos diferenciados da *classe-que-vive-do-trabalho* e se constituem em importantes exemplos dessas novas confrontações contra a lógica destrutiva em que preside a sociabilidade contemporânea. Que o século XXI vai ver explodir em intensidade e abundância...

8

A SUBVERSÃO DO CAPITAL
e os sentidos do trabalho

A reflexão de André Gorz traz sempre algo de novo, sugestivo e polêmico. Longe de ser especialista em sua obra, já tive oportunidade de polemizar especialmente seu conhecido e provocador *Adeus ao proletariado*, texto emblemático em sua vasta obra.

É confortante ver, agora, que há muito mais confluência que dissonância na bela entrevista que André Gorz concedeu à revista da Unisinos[1]. Sua crítica ao crescimento mensurado exclusivamente pelo capital e pelo mercado – que quanto mais cresce, mais concentra e empobrece as maiorias (lição de que Lula tristemente se esqueceu por completo) –, sua crítica ao capitalismo e o reconhecimento de que é necessário uma "lógica subversiva" para desmontá-lo, de certo modo nos lembra o Gorz de seus escritos mais críticos e radicais.

Também é atual e positiva sua reflexão sobre a imaterialidade do trabalho ("o material é o vetor do imaterial", em sua definição), em que ele retoma teses e aspectos anteriormente tematizados por Marx e contemporaneamente destacados por intelectuais franceses.

Sabemos que na sociedade contemporânea há uma crescente imbricação entre trabalho material e imaterial, uma vez que se presencia, além da monumental precarização do trabalho em escala global – o que também é fortemente acentuado por Gorz –, uma amplificação das

---

[1] Cf. IHU *online*, nº 129, ano 5, edição especial, janeiro de 2005. Disponível em: <http://www.unisinos.br/ihu_online>.

atividades dotadas de maior dimensão intelectual, quer nas atividades industriais mais informatizadas, quer nas esferas compreendidas pelo setor de serviços ou nas comunicações, entre tantas outras áreas em que há forte ampliação e mercadorização do trabalho.

O trabalho imaterial (ou não material, como disse Marx no *Capítulo VI*, inédito) expressa, em nosso entendimento, no capitalismo de nossos dias, a vigência da esfera informacional da forma-mercadoria: ele é a expressão do conteúdo informacional da mercadoria, exprimindo as mutações do trabalho no interior das grandes empresas e do setor de serviços que são dotados de tecnologia de ponta. Trabalhos material e imaterial, na imbricação crescente que existe entre ambos, encontram-se, portanto, centralmente subordinados à lógica da produção de mercadorias e de capital, como sugerem Vincent e Tosel.

Mas, é preciso acentuar, como procuramos desenvolver em *Os sentidos do trabalho*, que a imaterialidade é uma tendência, enquanto a materialidade é ainda largamente prevalente, especialmente quando se olha o capitalismo em escala global, mundializado, desenhado pela (nova) divisão internacional do trabalho, na qual, vale lembrar uma vez mais, dois terços da humanidade que trabalha se encontra no chamado "Terceiro Mundo", nele incluídos a China, a Índia, os países asiáticos, a América Latina, a África etc.

Mas vamos ao ponto de dissonância. Gorz afirma que:

> Com a informatização e a automação, o trabalho deixou de ser a principal força produtiva e os salários deixaram de ser o principal custo de produção. A composição orgânica do capital (isto é, a relação entre capital fixo e de giro) aumentou rapidamente. O capital se tornou o fator de produção preponderante. A remuneração, a reprodução, a inovação técnica contínua do capital fixo material requerem meios financeiros muito superiores ao custo do trabalho. Este último é com frequência inferior, atualmente a 15% do custo total. A repartição entre capital e trabalho do 'valor' produzido pelas empresas pende mais e mais fortemente em favor do primeiro. [...] Os assalariados deviam ser constrangidos a escolher entre a deterioração de suas condições de trabalho e o desemprego.

A presença de Habermas e seu conhecido equívoco (também eurocêntrico) da técnica como principal força produtiva em substituição ao trabalho vivo parece aqui evidente. Parece-me que André Gorz é também prisioneiro de uma leitura tecnicista da sociedade, de que acaba por resultar a desconsideração (e muitas vezes a desconstrução) do trabalho.

Contra a equívoca e hoje bastante questionada tese acerca do fim da centralidade do trabalho (podemos lembrar os estudos de Alain Bihr, István Mészáros, Robert Castell, Helena Hirata, David Harvey, Thomas Gounet, entre tantos outros), nosso grande desafio é compreender a nova morfologia do trabalho, seu caráter multifacetado, polissêmico e polimorfo. Isso nos obriga a desenvolver uma noção ampliada e moderna de classe trabalhadora (que venho chamando, de modo sinônimo, de *classe-que-vive-do-trabalho*), que inclui a totalidade daqueles homens e mulheres que vendem sua força de trabalho em troca de salário.

Essa nova morfologia do mundo do trabalho nos convida também a refletir acerca das novas modalidades da lei do valor. Nessa direção, que aqui podemos tão somente indicar, não concordamos com a tese de que a redução do custo de força de trabalho indica a perda de centralidade do trabalho vivo, mas, ao contrário, expressa a expansão das múltiplas formas de exploração do trabalho, dos mais qualificados aos mais desqualificados, dos mais formalizados (cada vez em menor número) aos mais informalizados que se ampliam em todo o mundo.

Em outras palavras, o capital de nossos dias amplificou a lei do valor, deu-lhe maior vigência, extraindo sobretrabalho de todas as esferas das quais se pode extraí-lo: nas fábricas, nos bancos, nas escolas, nos serviços mercadorizados, nas casas etc. etc. A nova polissemia do trabalho é, também, exatamente isso: há trabalho produtivo hoje onde não existia ontem. E os capitais globais utilizam-se magistralmente da simbiose que ocorre entre a exploração relativa e a absoluta do sobretrabalho. Portanto, parece soar falaciosa a afirmação de que o trabalho deixou de ser a principal força produtiva. Aliás, o estudo do toyotismo, em seu apogeu, mostrou-nos o segredo do assim chamado "modelo japonês": o envolvimento e a exploração intensificada da força de trabalho em forte simbiose com o desenvolvimento tecnocientífico.

Do trabalho intensificado do Japão ao trabalho contingente (J. Peckie) presente nos Estados Unidos; dos imigrantes que chegam ao Ocidente avançado e ao submundo do trabalho no polo asiático (incluída, naturalmente a China); das *maquiladoras* no México aos precarizado/as de toda a Europa Ocidental (com sua majestosa Inglaterra que parece querer indianizar-se); da Nike aos McDonald's, da General Motors e da Ford a Toyota, das trabalhadoras de telemarketing (já são mais de 500 mil no Brasil) aos motoboys e das lojas da Walmart, pode-se constatar que o inferno do trabalho assalariado e precarizado expandiram-se para todo o mundo.

Portanto, o que aqui queremos acentuar é a necessidade de elaborarmos uma noção ampliada de classe trabalhadora, que deve incluir também todos aqueles e aquelas que vendem sua força de trabalho em troca de salário, incorporando, além do proletariado industrial, dos assalariados do setor de serviços, também o proletariado rural, que vende sua força de trabalho para o capital. Deve incorporar o proletariado precarizado, o subproletariado moderno, *part-time*, os trabalhadores e trabalhadoras terceirizados e precarizados que Huw Beynon chamou de trabalhadores hifenizados, os trabalhadores assalariados da chamada "economia informal", que muitas vezes são indiretamente subordinados ao capital, além dos trabalhadores desempregados, expulsos do processo produtivo e do mercado de trabalho pela reestruturação produtiva global e que hipertrofiam o exército industrial de reserva na fase de expansão do desemprego estrutural. Eles e elas expressam, em nosso entendimento, a vigência das distintas modalidades de trabalho vivo, ao contrário da tese do fim da relevância e centralidade do trabalho para a criação de valor.

E mais: ao contrário da prevalência da técnica em substituição ao trabalho vivo, hoje o saber científico e o saber laborativo mesclam-se ainda mais diretamente. As máquinas inteligentes podem substituir grande quantidade de homens e mulheres que trabalham, mas não podem extinguir e eliminar definitivamente a potência criadora do trabalho vivo. Ao contrário, a criação de um novo maquinário informacional é resultado do trabalho intelectual dos trabalhadores/as que, ao atuarem junto à máquina informatizada, transferem parte dos seus atributos intelectuais à nova máquina que resulta desse processo, dando nova dimensão à teoria do valor. Estabelece-se, então, como desenvolvi em *Os sentidos do trabalho*, um complexo processo interativo entre trabalho e ciência produtiva, que não leva à extinção do trabalho, mas a um processo de retroalimentação que necessita cada vez mais de uma força de trabalho ainda mais complexa, multifuncional, que deve ser explorada de maneira mais intensa e sofisticada, especialmente nos ramos produtivos dotados de maior incremento tecnológico. E, quando assim não é, amplia-se sem limites a precarização do trabalho, fazendo-o oscilar entre a perenidade (em que cada vez menos pessoas trabalham mais) e a superfluidade do trabalho (em que cada vez mais pessoas trabalham menos ou encontram-se desempregadas).

Um último comentário e, aqui, outra diferença com Gorz: entendemos o trabalho não como uma criação do capitalismo (esse é o trabalho assalariado, fetichizado e estranhado), mas como resultado de um movimento, verdadeiramente dialético, de positividade e negatividade, criação e servidão, humanidade e desumanidade, autoconstituição e desrealização. Esse movimento, percebido desde os gregos, encontrou em Hegel e, especialmente, em Marx, sua síntese mais sublime: o trabalho, que em sua gênese é atividade vital, pode converter-se em ato alienado; o trabalho concreto, que cria coisas socialmente úteis, pode se tornar subordinado ao seu contrário, o trabalho abstrato, fetichizado e estranhado. Mas, como lembrou Lukács, em sua quase desconhecida *Ontologia*, o trabalho livre é também expressão de um primeiro momento de liberdade que a exploração e as formas diferenciadas de opressão procuraram suprimir. Por isso o trabalho, ao mesmo tempo em que transforma a natureza exterior, autotransforma a natureza de que o realizada. Positiva ou negativamente. Unilateralizar o trabalho, e não apreender sua dúplice e contraditória dimensão, é deixar de perceber sua verdadeira fonte de riqueza (e também de miséria).

Por isso, uma vida cheia de sentido em todas as esferas do ser social, somente poderá efetivar-se pela demolição das barreiras existentes entre tempo de trabalho e tempo de não trabalho, de modo que, a partir de uma atividade vital cheia de sentido, de um trabalho autodeterminado, voltado para a criação de bens socialmente úteis, para além da divisão hierárquica que subordina o trabalho ao capital hoje vigente e, portanto, sob bases inteiramente novas, possa se desenvolver uma nova sociabilidade, fundada no tempo disponível (que Gorz, aliás, sempre destacou positivamente) no qual ética, arte, filosofia, tempo verdadeiramente livre e ócio, em conformidade com as aspirações mais autênticas suscitadas no interior da vida cotidiana, possibilitem a gestação de formas inteiramente novas de sociabilidade, em que liberdade e necessidade se realizem mutuamente. Com uma nova modalidade de trabalho e de vida.

Isso nos obriga, hoje mais do que nunca, a subverter radicalmente a lógica destrutiva do capital que atualmente preside a humanidade, levando-a aos níveis mais profundos de desumanidade. E que somente a humanidade pode transformar.

9

OPACIDADE (OU VITALIDADE)
das classes sociais?

As ciências sociais do trabalho, como gosta de denominar o sociólogo espanhol Juan José Castillo, encontraram-se, nas últimas duas décadas, diante da tese da desconstrução do trabalho – da desaparição do *labor* – que teria sido convertido em um valor em vias de desaparição, tese "comprovada empiricamente" pela redução eurocêntrica dos trabalhadores de origem taylorista-fordista (como se o trabalho se resumisse exclusivamente a essa forma de ser), em que a crescente redução do emprego formal levaria finalmente ao fim do trabalho. O mundo caminhava, enfim, para o edênico espaço da fruição, com robôs produzindo e homens e mulheres vivendo as benesses do ócio produtivo. Houve até quem dissesse, em meados dos anos 1980, sob os auspícios do Clube de Roma, que no novo século que se avizinhava (quase) não mais encontraríamos trabalhadores... E eis que começou o novo século e grande parte daquela literatura envelheceu precocemente, com os trabalhadores e as trabalhadoras do mundo ainda padecendo as atividades e adversidades decorrentes do mundo do trabalho.

Algo assemelhado vem ocorrendo com as classes sociais. Numa época em que tantos afirmaram a perda da validade analítica da noção de classes sociais, apregoando sua opacidade, propugnando pela perda de sua vitalidade para a compreensão da textura social do capitalismo tardio, três publicações recentes são um bom exemplo tanto das limitações e equívocos daquelas formulações como da força e atualidade categorial das classes para se pensar o mundo contemporâneo.

Quando tantos também defendiam a perda do potencial analítico da noção de classes, outros reiteravam (ou ajudavam a compreender) a contemporaneidade, a efetividade e a concretude das classes sociais.

Comecemos pelo ensaio *Castas, estamentos e classes sociais*, de Sedi Hirano, agora republicado em edição inteiramente revisada[1].

Escrito no início dos anos 1970 em forma de dissertação de mestrado, Hirano concebeu um livro ao mesmo tempo introdutório e didático, sério e meticuloso, percorrendo comparativamente as noções de castas, estamentos e classes no pensamento dos dois gigantes das ciências sociais, Weber e Marx.

Weber, moldado por uma visão poli-histórica ou transistórica, enciclopédica, condensada metodologicamente nos tipos ideais; Marx, ancorado num mergulho histórico, também enciclopédico, navegando entre as dialéticas da universalidade, da singularidade e da particularidade, buscando sua totalização analítica. O primeiro, com sua forte marca epistemologizante e, o segundo, Marx, com seu traço ontológico que havia estancado depois de Hegel.

No que se refere às classes sociais, Hirano demonstra que, enquanto para Marx a chave analítica é dada pela produção social, para Weber ela se encontra na ação social. De modo que as classes podem ser mais bem apreendidas pela posição dos indivíduos no mercado e pelas motivações oriundas da ação e relação sociais (Weber) ou pelas determinações particulares do modo de produção e reprodução da vida social (Marx).

Sedi Hirano procura, sempre, em seu texto, apresentar os elementos teóricos e metodológicos distintivos entre os dois grandes gigantes das ciências sociais. Não busca fazer uma mescla eclética, desrespeitando autores tão díspares. É por isso que ele afirma que

> enquanto Weber parte da ordem social para delimitar o conceito de estamento, no que se refere às classes, o ponto de partida básico é a ordem econômica. Por outro lado, para Marx, o modo de produção feudal é que define as relações de tipo estamental... E as classes sociais se definem com o surgimento do modo de produção capitalista moderno, do Estado moderno, da propriedade privada, da divisão social do trabalho...[2]

---

[1] Sedi Hirano, *Castas, estamentos e classes sociais: introdução ao pensamento sociológico de Marx e Weber* (Campinas, Ed. da Unicamp, 2002).

[2] Ibidem, p. 101.

Se para Weber classe pressupõe

a) certo número de pessoas [que] têm em comum um componente causal específico em suas oportunidades de vida, e, na medida em que, b) esse componente é representado exclusivamente pelos interesses econômicos da posse de bens e oportunidades de renda, c) é representada sob as condições do mercado de produtos ou do mercado de trabalho,

a situação de classe é

determinada pelo volume e tipo de poder (ou pela falta deles) de dispor de bens ou habilidades em benefício da renda de uma determinada ordem econômica. A palavra *classe* se refere a qualquer grupo de pessoas que se encontrem na mesma situação de classe.[3]

O que permite a Sedi Hirano concluir que, para Weber, a estrutura de classes é determinada pelo mercado e a situação de classe é também a situação no mercado. Por isso, Weber fala em classes proprietárias positivamente privilegiadas (empreendedores ou empresários, dentre outros segmentos sociais) e em classes proprietárias negativamente privilegiadas (tipicamente trabalhadores, ainda que qualitativamente diferenciados).

Para Marx, entretanto, a conceitualização de classe remete essencialmente à posição (objetiva e subjetiva) que os indivíduos ocupam no mundo da produção social. Por isso, para os proletários,

a sua condição de vida, o trabalho e, com este, todas as condições de existência da sociedade atual convertem-se [...] em algo fortuito, no qual cada proletário de *per si* não tinha o menor controle, e sobretudo, nenhuma organização social podia lhe dar tal controle. A contradição entre a personalidade do proletário individual e sua condição de vida, tal como lhe é imposta, isto é, o trabalho, revela-se ante si mesmo, sobretudo porque já se vê sacrificado a partir de sua infância, por não ter a menor possibilidade de chegar a obter, dentro de sua classe, as condições que o coloquem em outra situação.[4]

A partir dessas formulações ontometodológicas de fundo, Sedi Hirano desenha os contornos das formulações de Weber e Marx, especialmente sobre as classes sociais. Se para a teoria do conhecimento weberiana (conforme sugere Merleau-Ponty), "a verdade sempre deixa uma margem de sombras", talvez pudéssemos dizer que para Marx é imperioso

---

[3] Ibidem, p. 102.
[4] Ibidem, p. 129.

descortinar as sombras para se chegar à verdade. E isso vale também para a compreensão das classes sociais na sociedade moderna. Para tanto, vale acrescentar, o estudo do jovem Marx é também imprescindível.

O livro de Sedi Hirano, introdutório e didático, de grande utilidade para se iniciar a compreensão desse complexo, é uma laboriosa construção ao estudo do estamento e da classe no mundo moderno, conforme a apresentação de Florestan Fernandes.

O denso texto de Klaus Eder, *A nova política de classes*[5], mergulha diretamente no debate atual sobre a extinção ou validade conceitual das classes e o faz por meio da seguinte afirmação teórica: a cultura é o elo perdido entre classe e ação coletiva. Seu ponto de partida é o de que a classe é um aspecto estrutural da realidade social que não pode ser descartado; sua hipótese central é que a noção de classe, "despida de sua conotações tradicionalistas, de suas formas contingentes de manifestação histórica", é uma determinação estrutural de oportunidades de vida para categorias de indivíduos, "uma estrutura que distribui oportunidades de agir e delimita espaços de ação", sendo o elemento cultural o elo capaz de conferir contemporaneidade analítica às classes sociais.

Modelado pela ideia da sociedade pós-industrial, Eder entra em cheio no debate, sempre deixando claro e, frequentemente, sólido (ainda que enormemente polêmico) em seus desenhos e contornos: seu interesse maior está em averiguar as novas configurações dos movimentos sociais e em que medida eles expressam as novas conformações da sociedade de classes.

Dialogando com vastíssima bibliografia contemporânea, e em particular, com os institucionalistas, faz sua *démarche*:

> O argumento histórico da institucionalização pode ser verdadeiro, mas isso não quer dizer que tenhamos de aceitar o argumento estrutural. Pode ser que o conflito de classe industrial não domine mais os conflitos de classe. Temos de aceitar a ideia de que esse tipo de conflito está perdendo importância, mas vamos argumentar contra a ideia de que o conflito de classes está desaparecendo com o fim de sua primeira corporificação, ou seja, o conflito de classes organizado em torno da contradição entre capital e trabalho.[6]

---

[5] Klaus Eder, *A nova política de classes* (São Paulo, Edusc, 2002).
[6] Ibidem, p. 258.

Sua propositura o leva, então, a afirmar que a atualidade do conflito de classes é metamorfoseado num antagonismo fluido que perpassa a totalidade da vida social. Em suas palavras:

> O conflito de classes expandiu-se também no tempo, tornando-se permanente. A realidade social criada por essa permanência é um sistema de classificação que radicaliza as premissas individualistas do sistema moderno de classificação. Esse sistema, que compara indivíduos e que conta o capital (econômico e cultural) que possui, resulta na estrutura de classes altamente individualizada da sociedade moderna.[7]

De modo culturalista, menos que radicado na estruturação produtiva da ordem societal, o conflito de classes estaria acompanhado por práticas que geram a ordem simbólica que o legitima, e os símbolos dos que estão no topo da pirâmide social são os que clamam pela validade universal. Menos que conceitualizar as classes como entidade concreta, o autor, amparado em ampla literatura e especialmente em Bourdieu, vai conferir às classes um estatuto lógico. Opção teórica que, para retomar o debate anteriormente indicado, o aproxima muito mais de Weber do que de Marx.

Ao analisar os movimentos sociais, o autor os "classifica" (aliás, a necessidade da "classificação" é um de seus recursos metodológicos recorrentes) em pelo menos dois tipos: os movimentos políticos (o dos jovens, o feminista, os anti-industrialistas) e os culturais (os movimentos antiburocráticos, relativos ao ambiente, moradia ou psiquiatria e, em menor medida, o movimento estudantil). O autor detecta, então, que o centro dos conflitos de classe e dos movimentos sociais, cuja identidade tem um forte componente cultural, deve superar a temática da exploração do trabalho para migrar para o problema da exploração da natureza.

Isso o leva a polemizar diretamente com Marx, que teria "naturalizado" a relação homem–natureza. Aqui, entretanto, é preciso fazer uma nota crítica: ao usar somente comentadores (como Schmidt, Cohen, Habermas, Elster), desconsiderando os *Grundrisse* ou qualquer outro texto da safra direta de Marx, que não é citado sequer uma vez no item intitulado "O conceito de natureza em Marx", Eder é pouco convincente. Um breve volteio, passando por Robert Kurz, Altvater, Enrique Dussel e István Mészáros, além de uma releitura não tradicional de Marx, o ajudaria – e muito – a fazer uma leitura criativa e não tão reducionista da questão ambiental em Marx.

---

[7] Ibidem, p. 55.

Dos dez capítulos que compreendem esse livro, os últimos destinam-se ao esboço de uma fenomenologia dos movimentos sociais e a uma ênfase na centralidade e na tese do radicalismo das classes médias nessa nova contextualidade. Os interessados nas classes médias encontrarão um esboço teórico dos contornos desse radicalismo dados pela "emergência da contracultura e das formas alternativas do mundo da vida e de associação". Nesse novo campo, os movimentos sociais encontram seus nexos "identitários" em seus valores culturais, que transcendem, segundo o autor, "o campo das relações industriais". O problema aqui, para fazer somente outro contraponto, é que a confrontação de nossos dias não pode ser resumida de modo restritivo entre burguês e proletário, ao modo exclusivamente "industrial, taylorista e fordista", mas entre a confrontação, de âmbito global, entre a totalidade do capital social e a totalidade multifacetada e heterogênea do trabalho social. Klaus Eder, limitado pela tese da sociedade pós-industrial, não consegue apreender o caráter multiforme, polissêmico e multifacetado do trabalho. Equívoco que Habermas, com sua tese sobre a pacificação das lutas sociais, também cometeu.

É exatamente por esses limites que o autor, ao criticar os fundamentos metodológicos individualistas da pesquisa sobre os movimentos sociais, reafirma o critério da validade das classes, mas não mostra sua vitalidade conceitual e analítica em toda a sua plenitude. Mas, é preciso dizer, o autor realiza – num livro cuja edição é particularmente bem cuidada e bem realizada – uma reflexão que, em seu conjunto, é relevante e necessária para todos os que recusam a tese da perda de validade categorial para as classes sociais.

Por fim, uma nota sobre as classes sociais no Brasil. E o faremos por meio do livro *Estrutura de posições de classe no Brasil,* de José Alcides Figueiredo Santos[8], em que há um mapeamento bastante abrangente da conformação das classes sociais em nosso país, a partir dos dados da PNAD, de 1996, tendo como referência a análise neomarxista de Erik Olin Wright.

A justificativa para essa opção teórica é indicada pelo autor: enquanto o

> enfoque weberiano se assenta em um nexo causal entre a condição de classe e as chances de vida, que opera essencialmente através das trocas de mercado

---

[8] *Estrutura de posições de classe no Brasil: mapeamento, mudanças e efeitos na renda* (Belo Horizonte, Ed.da UFMG, 2002).

[...] a perspectiva marxista defendida por Wright vai além dessa conexão, acrescenta de forma privilegiada a esfera da produção e, além disso, considera a interação entre a produção e o mercado, o que lhe permite pensar o conflito na distribuição, na produção e na articulação entre ambos... O conceito de classe baseado explicitamente na exploração, ao contrário da noção weberiana de chances da vida, pretende relacionar o bem-estar material de um grupo social à sua capacidade de se apropriar dos frutos do trabalho de outro grupo social.[9]

Articulando boa reflexão teórica, mergulhando no mapa social brasileiro, Figueiredo Santos oferece elementos para se compreender o perfil de nossa sociedade de classes, com a classe trabalhadora "ampliada" (abarcando os trabalhadores não qualificados, os trabalhadores qualificados e os supervisores não qualificados) e a classe média, composta pelos gerentes e supervisores com poder de mando e dominação.

Ao tratar da distribuição das posições de classe no Brasil, o autor elabora a seguinte tipologia, a partir das posições de classe existentes: a) capitalistas; b) pequenos empregadores; c) autoempregados; d) gerentes e supervisores credenciados; e) gerentes e supervisores não credenciados; f) especialistas; g) trabalhadores proletarizados; h) empregados domésticos.

Somando-se os trabalhadores proletarizados (48%) com aqueles autoempregados (30%), chega-se a quase 80% da totalidade das posições de classe. Os capitalistas totalizam 0,5%, os estratos médios (gerentes, supervisores e especialistas) somam pouco mais de 5%. Os pequenos empregadores agrupam 3,5%, e os empregados domésticos somam 8,6%.

O leitor encontra um detalhamento exaustivo, ao longo do livro, que lhe permite fazer diversas ilações analíticas, como conferir a área de sombra entre os estratos altos do proletariado e os segmentos inferiores da classe média; os gerentes com função de mando, credenciados e aqueles não credenciados; a classe trabalhadora "pura", que compreende os assalariados com posição subordinada, sem autoridade e qualificação (48%, como vimos) e a classe trabalhadora "ampliada"; os trabalhadores manuais da indústria e dos serviços, que representam 68% da classe trabalhadora "pura"; os trabalhadores manuais agrícolas, que totalizam 17,4% do conjunto da classe trabalhadora (em sentido ainda restrito), além do desenho heterogêneo das classes proprietárias, dos capitalistas, mais ou menos capitalizados etc.

---

[9] Ibidem, p. 278.

Em seu estudo meticuloso, de grande utilidade para o insuficiente mapeamento de nossas classes sociais, Figueiredo Santos mostra, a partir dos dados da PNAD, que, na América Latina, o traço distintivo é dado pela ampliação do "setor informal", pelo crescimento dos pequenos negócios e pela feminização do mundo do trabalho.

Com a reestruturação produtiva no Brasil especialmente a partir de 1990, "ocorre uma intensa redução do contingente de operários industriais, com um corte de 38,1% dos empregos formais entre 1990 e 1997"[10]. Como já pudemos dizer em outros textos, aumenta a heterogeneidade e a fragmentação da classe trabalhadora; a subcontratação, diz o autor, segmenta ainda mais os trabalhadores industriais, entre os "centrais" e os "periféricos". E, se o desemprego foi crescente na indústria, particularmente entre 1985 e 1990, os serviços experimentaram um elevado crescimento.

Esses estudos recentemente publicados, independentemente de seus méritos e limites, alguns aqui apontados, mostram que a textura societal contemporânea, em vez de sinalizar o fim da sociedade de classes, vem se complexificando. O que nos obriga a ir além da sua opacidade, encontrando os nexos básicos e sua vigência e atualidade.

---

[10] Ibidem, p. 145.

10

REVIVAL DO ANARQUISMO?

Quando principiou o século XXI? Em 1989, com o fim da URSS e a proliferação da apologética de Fukuyama e seu imaginário fim da história? Ou em 11 de setembro de 2001, com a demolição das Torres Gêmeas, que fez aflorar a vulnerabilidade do Império que parecia tão inviolável? Ou foi em 1994, com a explosão zapatista, no mesmo momento em que um conhecido (ex)intelectual mexicano afirmava que finalmente adentrávamos na era da utopia desarmada? Ou ainda em 1999, com a célebre Batalha de Seattle, nos EUA, que sacudiu o coração nacional de um mundo já transnacional?

Se é difícil datar o início do novo milênio, é possível perceber que ele se inicia sob a fibrilação amplificada do tecido social, sob a pulsão acentuada das rebeldias estampadas nos novos (e velhos) movimentos sociais, mais ou menos vinculados às forças sociais do trabalho, aflorando seus laços relacionais com as questões étnicas, ecológicas, de gênero, geracionais etc. Os exemplos são abundantes: a explosão dos piqueteiros na Argentina, a rebelião social na Bolívia, a resistência popular na Venezuela, as greves que sacodem os países do Norte, as confrontações operárias e estudantis que assustam o mundo asiático, a resistência incansável do povo palestino.

Se nossa geração cresceu aprendendo que um dia o mundo seria espelhado no *american way of life*, o que hoje se percebe, no fulgor da reeleição protofascista de Bush, é o esparramar de um sentimento antinorte-americano, tão global quanto as mercadorias *made in USA*.

Esse cenário estaria indicando um *revival* do anarquismo?

Se não estamos às vésperas desse *revival*, estamos presenciando um salutar retorno da literatura de inspiração libertária, com toda a gama diferenciada presente no seio desse movimento, que experimentou o mutualismo de Proudhon, o anarquismo coletivista de Bakunin, passando por Kropotkin, Malatesta, pelo anarcossindicalismo, dentre outras variantes libertárias.

Vejamos o exemplo do livro *História do movimento operário revolucionário*[1], coletânea originalmente publicada em francês, em 2001, que percorre diversos momentos de presença do anarquismo, do anarcossindicalismo ou ainda do sindicalismo revolucionário, de que foram exemplo, no início do século XX, a CGT francesa, a FORA argentina, os IWW nos EUA, a USI na Itália, ou ainda os diferentes experimentos ocorridos na Alemanha, Rússia, México, Peru, Uruguai, Japão e Brasil, dentre outras que foram objeto de análise.

A polêmica com os marxistas é (quase) sempre áspera. Ilustre-se isso com o curioso exemplo do Japão, que na epiderme se assemelha ao caso brasileiro:

> Um certo extremismo anarquista, mais ou menos organizado, mas amiúde estéril, conduziu militantes a juntarem-se ao PCJ quando da sua criação em 1922, embora muitos deles se retirem, em seguida. Muito tarde; o mal está feito. Os militantes anarquistas ou influenciados pelo anarquismo forneceram ao primeiro PCJ sua base operária, sem a qual ele só teria sido composto por intelectuais mais ou menos desclassificados.[2]

Sabemos que no caso do PCB, além da coincidência do ano de fundação, dos seus nove delegados fundadores, somente um, o socialista Manuel Cendón, não tinha um passado vinculado ao anarcossindicalimo.

Os textos de Colombo (Argentina), Antonioli e Venza (Itália), F. Madrid (Espanha), Portis (EUA), Pelletier (Japão), De Jong (sobre a AIT e a Revolução Espanhola), F. Mintz (também sobre a Espanha), Colson (França), Samis (Brasil), Lorry (indicação bibliográfica), oferecem um panorama amplo dos embates anarquistas. Textos por certo engajados, que olham e refletem sobre o passado, mas com uma (talvez tênue e mesmo nostálgica) esperança de um *revival* anarquista.

---

[1] Daniel Colson e Eduardo Colombo, *História do movimento operário revolucionário* (São Paulo, Imaginário, 2004).

[2] Ibidem, p. 260.

Se a polêmica entre anarquistas e marxistas, particularmente em torno da Associação Internacional dos Trabalhadores, criada em 1864, está presente ao longo de vários capítulos do livro acima comentado, ela retorna em *Autoritarismo e anarquismo*[3], pequeno livro que traz vários artigos escritos por Errico Malatesta. Na polêmica, Malatesta é direto: "Os socialistas são autoritários, os anarquistas são libertários"[4].

Sabemos que a questão da abolição do Estado, a negação visceral da ação política, a recusa peremptória dos partidos, a negação da luta no âmbito eleitoral e parlamentar, as reservas quanto às formas de organização (e seus riscos de centralização) são os pontos nodais da controvérsia entre as duas das mais importantes variantes do movimento operário. Aliás, num belo texto com o título "Marx/Bakunin", o nosso saudoso Maurício Tragtenberg, espírito herético e heterodoxo, afirmou que o debate entre anarquistas e marxistas era "atual, desde que não se limitasse à oposição 'a-histórica' entre autoritarismo e liberdade somente". Fica o registro.

Se Malatesta é duro na polêmica, seu senso de liberdade transparece nesse forte libelo: "Se, para vencer, tivéssemos de construir cadafalsos nas praças públicas, eu preferiria ser derrotado"[5].

E esse é o tema de outro livreto libertário, *Nada é sagrado, tudo pode ser dito*[6], do belga Raoul Vaneigem, colaborador de Guy Debord. Para Vaneigem "nada é sagrado. Toda pessoa tem o direito de exprimir e de professar, a título pessoal, qualquer opinião, qualquer ideologia, qualquer religião"[7]. Panfleto provocador, ataca os donos da *mass media*, guiados pelo "espírito de comércio", cuja ação converte-se frequentemente numa "arte de ocultar o essencial e manejar, por meio do choque emocional, a insistência patética e os efeitos de repetição, territórios de sombras e de silêncios em que rumores e suspeitas se confundem"[8]. Sendo um valor humano essencial, a liberdade de expressão deve contemplar a liberdade de externar também o desumano, mesmo quando eivado de racismo, xenofobia, sadismo, discriminações

---

[3] Errico Malatesta, *Autoritarismo e anarquismo* (São Paulo, Imaginário, 2004).
[4] Ibidem, p. 97.
[5] Ibidem, p. 51.
[6] Raoul Vaneigem, *Nada é sagrado, tudo pode ser dito* (São Paulo, Parábola, 2004).
[7] Ibidem, p. 22.
[8] Ibidem, p. 18.

sexistas etc.[9] Mas a pergunta que fica é: o que fazer quando a liberdade total permite inclusive aos *nazi* vociferar as suas diatribes contra a humanidade? Aqui, Vaneigem parece seguir numa vaga mais liberal que libertária.

E é na linhagem de um comunismo heterodoxo e libertário que se insere o livro de Negri e Hardt, com o sugestivo título *O trabalho de Dioniso*[10]. O labor, o Estado, as leis e o direito, o comunismo, o sujeito, a multidão, o neoliberalismo, a violência, a ontologia, o socialismo real, o reformismo e o comunismo jurídicos; são várias as temáticas presentes nesse livro. Seu eixo central: reiterar o papel fundante do trabalho vivo. Este não apenas nega a sua abstração no processo de valorização capitalista, mas faz aflorar a autovalorização do trabalho humano, afirmação da própria vida e, enquanto tal, exercício de subjetividade, "pré-requisito do comunismo".

Remetendo a discussão do trabalho para a esfera do valor e da produção social da riqueza, os autores procuram compreender, então, a ampliação do seu espaço, seu salto da fábrica para a sociedade. A fábrica, acrescentam, não pode mais ser concebida como o espaço paradigmático do trabalho, que se amplificou para a toda a sociedade. O que, sempre segundo os autores, levou-nos a um paradoxo: mesmo onde a teoria não enxerga o trabalho, ele se tornou a substância comum, o mundo tornou-se trabalho.

É aí, então, que Hardt e Negri avançam para sua exploração analítica mais ousada: estamos sob a vigência do trabalho imaterial, "altamente científico, afetivo, cooperativo", cuja relação passa a ser fortemente permeada pela função social junto à comunidade[11]. Do que decorre que o trabalho vivo, em sua modalidade contemporânea, "tende para a completa imaterialidade".

Ficam algumas perguntas: 1) Não estarão os autores cometendo risco similar àquele presente no livro *Império*, tomar uma tendência e a ela conferir prevalência? Ou, de outro modo, o trabalho imaterial poderá se sobrepor à dimensão corpórea, material do *labor*, quando se toma a totalidade do trabalho social no qual, vale lembrar, dois terços da humanidade que labora se encontram no chamado "Terceiro Mundo"?

---

[9] Ibidem, p. 29.
[10] Michel Hardt e Antonio Negri, *O trabalho de Dioniso* (Juiz de Fora, UFJF, 2004).
[11] Ibidem, p. 29.

2) Se a tendência à imaterialidade se efetivasse, onde poderíamos encontrar o poder material capaz de desmantelar a dura ordem material. Será na multidão? 3) Estamos perante o trabalho do afeto ou mais próximos do mundo do trabalho desafeto?

Estamos vencendo! Resistência global no Brasil[12], com texto de Pablo Ortellado e fotos de André Ryoki, estampa nossa juventude rebelde – que trocou faz pouco tempo as visitas coisificadas aos McDonald's pela sua rejeição externa e visceral – por meio de ações estruturadas em rede, sintonizadas com a luta da Ação Global dos Povos, contra os organismos bilaterais e multilaterais, como OMC, FMI, Banco Mundial que, aliás, nos causam muito mais que simples efeitos colaterais. A autonomia dos movimentos, seu sentimento anticapitalista, seus embates contra a mercadorização do mundo, são apresentados juntamente com uma irreverência forte que só a juventude consegue imprimir, e que foram tão bem capturadas pela máquina de Ryoki.

Além do belo material iconográfico, o livro (em bela edição) traz uma cronologia dos acontecimentos desde a batalha de Seattle, além de selecionar alguns panfletos utilizados nos embates, como o sarcástico Ato *CONHEÇA O CAPITAL: city tour pela cidade de São Paulo*, começando pela Bolsa de Valores, Banco de Boston, Shopping Light, McDonald's, Cemitério da Consolação, Avenida Paulista e, finalmente, o consulado norte-americano. Aqui há, certamente, algo da verve e da ironia dos antigos movimentos libertários...

O século XXI não parece comportar um *revival* do anarquismo. E nem do "socialismo real" que, sob a batuta de Stalin, também feneceu no curto Século XX. Mas, despidos de suas formulações mais dogmáticas, as duas mais importantes vertentes emancipatórias que marcaram os dois últimos séculos certamente têm algo (ou muito) a dizer. Tomara que elas se reencontrem, mais livres e mais generosas, nesse atormentado limiar do século XXI.

---

[12] São Paulo, Conrad, 2004.

11

UMA APOSTA NO FUTURO

Lukács disse certa vez, enquanto elaborava sua última obra, a *Ontologia do ser social*, que gostaria de retomar o projeto de Marx e escrever *O capital* dos nossos dias. Investigar o mundo contemporâneo, a lógica que o presidia, os elementos novos de sua processualidade com o objetivo de com isso fazer, no último quartel do século XX, uma atualização dos nexos categoriais presentes em *O capital*. Lukács pôde indicar, mas não pôde sequer iniciar tal empreitada. Coube a István Mészáros, um dos mais destacados e importantes colaboradores de Lukács, essa significativa contribuição para a realização, em parte, dessa monumental (e por certo coletiva) empreitada.

Radicado na Universidade de Sussex, na Inglaterra, onde é professor emérito, István Mészáros já era responsável por uma vasta produção intelectual, da qual se destacam *A teoria da alienação em Marx*[1], *Philosophy, Ideology and Social Science*[2] e *O poder da ideologia*[3], entre vários outros livros, publicados em diversos países do mundo.

Para além do capital[4] é, entretanto, seu livro de maior envergadura, e se configura como uma das mais agudas reflexões críticas sobre o ca-

---

[1] São Paulo, Boitempo, 2006.
[2] Sussex, Wheatsheaf Books, 1986.
[3] São Paulo, Boitempo, 2004.
[4] São Paulo, Boitempo, 2002.

pital em suas formas, engrenagens e mecanismos de funcionamento sociometabólico, condensando mais de duas décadas de intenso trabalho intelectual. Mészáros empreende uma demolidora crítica do capital e realiza uma das mais instigantes, provocativas e densas reflexões sobre a sociabilidade contemporânea e a lógica que a preside. Na impossibilidade de desenvolver, no âmbito dessa apresentação, até mesmo minimamente o vasto campo de complexidades desenvolvido pelo autor, vamos procurar indicar algumas de suas teses centrais, pontuando elementos analíticos presentes em *Para além do capital*.

Podemos começar afirmando que, para o autor, capital e capitalismo são fenômenos distintos, e a identificação conceitual entre ambos fez com que todas as experiências revolucionárias vivenciadas no século passado, desde a Revolução Russa até as tentativas mais recentes de constituição societal socialista, se mostrassem incapacitadas para superar o "sistema de sociometabolismo do capital", isto é, o complexo caracterizado pela divisão hierárquica do trabalho, que subordina suas funções vitais ao capital. Este, o capital, antecede ao capitalismo e é a ele também posterior. O capitalismo é uma das formas possíveis da realização do capital, uma de suas variantes históricas, como ocorre na fase caracterizada pela subsunção real do trabalho ao capital. Assim como existia capital antes da generalização do sistema produtor de mercadorias (de que é exemplo o capital mercantil), pode-se presenciar a continuidade do capital após o capitalismo, pela constituição daquilo que ele, por exemplo, denomina como "sistema de capital pós-capitalista", que teve vigência na URSS e demais países do Leste Europeu, durante várias décadas do século XX. Esses países, embora tivessem uma configuração pós-capitalista, foram incapazes de romper com o sistema de sociometabolismo do capital.

Portanto, para Mészáros, o sistema de sociometabolismo do capital é mais poderoso e abrangente, tendo seu núcleo constitutivo formado pelo tripé capital, trabalho e Estado. Essas três dimensões fundamentais do sistema são materialmente constituídas e inter-relacionadas, e é impossível superar o capital sem a eliminação do conjunto dos elementos que compreende esse sistema. Não basta eliminar um ou mesmo dois de seus polos. Os países pós-capitalistas, com a URSS à frente, mantiveram intactos os elementos básicos constitutivos da divisão social hierárquica do trabalho que configura o domínio do capital. A "expropriação dos expropriadores", a eliminação "jurídico-política" da propriedade realizada pelo sistema soviético, "deixou intacto o edifício do sistema de capital". O desafio, portanto, é superar o tripé em sua totalidade, nele incluído o seu pilar fundamental dado pelo sistema hierarquizado de trabalho, com sua alienante divisão social, que subordina o trabalho ao capital, tendo como elo de complementação o Estado político.

Na síntese de István Mészáros:

> Devido à inseparabilidade das três dimensões do sistema do capital plenamente articulado – capital, trabalho e Estado –, é inconcebível emancipar o trabalho sem simultaneamente superar o capital e o Estado. Pois, paradoxalmente, o pilar material fundamental de suporte do capital não é o Estado, mas o trabalho em sua contínua dependência estrutural do capital [...] Enquanto as funções controladoras vitais do sociometabolismo não forem efetivamente ocupadas e exercidas autonomamente pelos produtores associados, mas deixadas à autoridade de um pessoal de controle separado (ou seja, um novo tipo de personificação do capital), o próprio trabalho continuará reproduzindo o poder do capital contra si mesmo, mantendo materialmente e dessa forma estendendo a dominação da riqueza alienada sobre a sociedade.[5]

Sendo um sistema que não tem limites para a sua expansão (ao contrário dos modos de organização societal anteriores, que buscavam em alguma medida o atendimento das necessidades sociais), o sistema de sociometabolismo do capital constitui-se como um sistema incontrolável. Fracassaram, na busca de controlá-lo, tanto as inúmeras tentativas efetivadas pela social-democracia, quanto a alternativa de tipo soviético, uma vez que ambas acabaram seguindo o que o autor denomina de linha de menos resistência do capital. A sua conversão num modo de sociometabolismo incontrolável é decorrência das próprias fraturas e dos defeitos estruturais que estão presentes desde o início no sistema do capital. Isso porque

> Primeiro, a *produção* e seu *controle* estão radicalmente isolados entre si e diametralmente opostos.
> Segundo, no mesmo espírito e surgindo das mesmas determinações, a *produção* e o *consumo* adquirem uma independência e uma existência separada extremamente problemáticas, de modo que, no final, o "excesso de consumo" mais absurdamente manipulado e desperdiçador, concentrado em poucos locais, encontre seu corolário macabro na mais desumana negação das necessidades elementares de incontáveis milhões de pessoas.

---

[5] *Para além do capital*, cit., p. 600-1.

E, terceiro, os novos microcosmos do sistema do capital combinam-se em alguma espécie de conjunto administrável, de maneira que o capital social total seja *capaz* de penetrar – porque *tem de* penetrar – no domínio da *circulação global* (ou, para ser mais preciso, de modo que seja capaz de criar *a circulação como empreendimento global* de suas próprias unidades *internamente fragmentadas*), na tentativa de superar a contradição entre *produção* e *circulação*. Dessa forma, a necessidade de *dominação* e *subordinação* prevalece, não apenas *no interior* de microcosmos particulares – por meio da atuação de cada uma das "personificações do capital" – mas também *fora* de seus limites, transcendendo não somente todas as barreiras regionais, mas também todas as fronteiras nacionais. É assim que a força de trabalho total da humanidade se sujeita – com as maiores iniquidades imagináveis, em conformidade com as relações de poder historicamente dominantes em qualquer momento particular – aos imperativos alienantes do sistema do capital global.[6]

A principal razão pela qual esse sistema escapa a um grau significativo de controle manifesta-se, precisamente, porque este surgiu

> no curso da história como uma poderosa – na verdade, até o presente, de longe *a mais* poderosa – estrutura *"totalizadora"* de controle à qual tudo o mais, inclusive seres humanos, deve se ajustar, e assim provar sua "viabilidade produtiva", ou perecer, caso não consiga se adaptar. Não se pode imaginar um sistema de controle mais inexoravelmente absorvente – e, neste importante sentido, "totalitário" – do que o sistema do capital globalmente dominante, que sujeita cegamente aos mesmos imperativos a questão da saúde e a do comércio, a educação e a agricultura, a arte e a indústria manufatureira, que implacavelmente sobrepõe a tudo seus próprios critérios de viabilidade, desde as menores unidades de seu "microcosmo" até as mais gigantescas empresas transnacionais, desde as mais íntimas relações pessoais aos mais complexos processos de tomada de decisão dos vastos monopólios industriais, sempre a favor dos fortes e contra os fracos. [...]
> [...]
> [...] Neste processo de alienação, o capital degrada o trabalho, sujeito real da reprodução social, à condição de objetividade reificada – mero "fator material de produção" – e com isso derruba, não somente na teoria, mas na prática social palpável, o verdadeiro relacionamento entre sujeito e objeto. [...] o trabalho é forçado a aceitar um outro sujeito acima de si, mesmo que na realidade este seja apenas um pseudossujeito.[7]

---

[6] Ibidem, p. 105 (grifos do autor).
[7] Ibidem, p. 96 e 126 (grifos do autor).

Constituindo-se como um modo de sociometabolismo em última instância incontrolável, o sistema do capital é essencialmente destrutivo em sua lógica. Essa é uma tendência que se acentuou no capitalismo contemporâneo, o que levou Mészáros a desenvolver a tese, central em sua análise, da taxa de utilização decrescente do valor de uso das coisas. O capital não trata valor de uso (o qual corresponde diretamente à necessidade) e valor de troca como duas coisas separadas, mas de um modo que subordina radicalmente o primeiro ao último. O que significa que uma mercadoria pode variar de um extremo a outro, isto é, desde ter seu valor de uso realizado, num extremo da escala, até jamais ser usada, no outro extremo, sem por isso deixar de ter, para o capital, a sua utilidade expansionista e reprodutiva. E, sempre segundo Mészáros, essa tendência decrescente do valor de uso das mercadorias, ao reduzir a sua vida útil e desse modo agilizar o ciclo reprodutivo, tem se constituído num dos principais mecanismos pelo qual o capital vem atingindo seu incomensurável crescimento ao longo da história.

O capitalismo contemporâneo operou, portanto, o aprofundamento da separação entre, de um lado, a produção voltada genuinamente para o atendimento das necessidades e, de outro, as necessidades de sua autorreprodução. E, quanto mais aumentam a competitividade e a concorrência intercapitais, mais nefastas são suas consequências, das quais duas são particularmente graves: a destruição e/ou precarização, sem paralelos em toda a era moderna, da força humana que trabalha e a degradação crescente do meio ambiente, na relação metabólica entre homem, tecnologia e natureza, conduzida pela lógica societal subordinada aos parâmetros do capital e do sistema produtor de mercadorias. O que leva à conclusão categórica:

> Sob as condições de crise estrutural do capital, seus constituintes destrutivos avançam com força extrema, ativando o espectro da incontrolabilidade total, numa forma que faz prever a autodestruição, tanto para este sistema reprodutivo social, em si, como para a humanidade em geral.[8]

Como exemplo dessa tendência, acrescenta o autor:

> basta pensar na tremenda discrepância entre o tamanho da população dos Estados Unidos – menos de *5 por cento* da população mundial – e seu consumo de *25 por cento* do total de recursos energéticos disponíveis. Não

---

[8] Ibidem, p. 100.

é preciso grande imaginação para se ter uma ideia do que ocorreria se os outros 95 por cento adotassem o mesmo padrão de consumo.[9]

Expansionista, destrutivo e, no limite, incontrolável, o capital assume cada vez mais a forma de uma crise endêmica, como um *depressed continuum*, como uma crise cumulativa, crônica e permanente, com a perspectiva de uma "crise estrutural cada vez mais profunda", ao contrário da sua conformação anterior, cíclica, que alternava fases de desenvolvimento produtivo com momentos de "tempestade". Com a irresolubilidade da sua crise estrutural fazendo emergir, na sua linha de tendência já visível, o espectro da destruição global da humanidade, a única forma de evitá-la é colocando em pauta a atualidade histórica da alternativa societal socialista, da ofensiva socialista.

Aqui emerge outro conjunto central de teses, na obra de Mészáros, carregado de forte significado político. Na impossibilidade de desenvolvê-las, nos limites dessa apresentação, vamos indicar seu significado mais direto: a ruptura radical com o sistema de sociometabolismo do capital (e não somente com o capitalismo) é, por sua própria natureza, global e universal, sendo impossível sua efetivação no âmbito (da tese staliniana) do socialismo num só país. Entretanto, para o autor, o fato de as revoluções socialistas terem ocorrido nos países considerados como elos débeis da cadeia, como os países economicamente atrasados, não altera a complexidade do problema nem a dificuldade da transição. A necessidade de alterar radicalmente o sistema de sociometabolismo do capital seria, para Mészáros, do mesmo modo, aguda e intensa também nos países capitalistas avançados.

Como a lógica do capital estrutura seu sociometabolismo e seu sistema de controle no âmbito extraparlamentar, qualquer tentativa de superar esse sistema de sociometabolismo que se restrinja à esfera institucional e parlamentar está impossibilitada de derrotá-lo. Só um vasto, radical e extraparlamentar movimento de massas pode ser capaz de destruir o sistema de domínio social do capital. Consequentemente, o processo de autoemancipação do trabalho não pode ficar restrito ao âmbito da política. Isso porque o Estado moderno é entendido pelo autor como uma estrutura política compreensiva de mando do capital, um pré-requisito para a conversão do capital num sistema dotado de viabilidade para a sua reprodução, expressando um momento constitutivo da própria materialidade do capital. Solda-se, então, um nexo

---

[9] Ibidem, p. 40.

fundamental: o Estado moderno é inconcebível sem o capital, que é o seu real fundamento, e o capital, por sua vez, precisa do Estado como seu complemento necessário. A crítica radical ao Estado ganha sentido, portanto, somente se a ação tiver como centro a destruição do sistema de sociometabolismo do capital.

Como desdobramento da tese anterior, a crítica de Mészáros aos instrumentos políticos de mediação existentes é também enfática: os sindicatos e partidos, tanto nas suas experiências de tipo social-democrático quanto na variante dos partidos comunistas tradicionais, de feição stalinista ou neo-stalinista, fracassaram no intento de controlar e de superar o capital. O desafio maior do mundo do trabalho e dos movimentos sociais que têm como núcleo fundante a classe trabalhadora é criar e inventar novas formas de atuação autônomas capazes de articular intimamente as lutas sociais, eliminando a separação, introduzida pelo capital, entre ação econômica, de um lado (realizada pelos sindicatos), e ação político-parlamentar, do outro polo (realizada pelos partidos). Essa divisão favorece o capital, fraturando e fragmentando ainda mais o movimento político dos trabalhadores.

Os indivíduos sociais, como produtores associados, somente poderão superar o capital e seu sistema de sociometabolismo desafiando radicalmente a divisão estrutural e hierárquica do trabalho e sua dependência ao capital em todas as suas determinações. Um novo sistema metabólico de controle social deve instaurar uma forma de sociabilidade humana autodeterminada, o que implica um rompimento integral com o sistema do capital, da produção de valores de troca e do mercado. O desafio central, portanto, está em encontrar, segundo Mészáros, um equivalente racionalmente controlável e humanamente compensador das funções vitais da reprodução da sociedade e do indivíduo que devem ser realizadas, de uma forma ou de outra, por todo o sistema de intercâmbio produtivo, no qual é preciso assegurar finalidades conscientemente escolhidas pelos indivíduos sociais que lhes permitam realizar-se a si mesmos como indivíduos – e não como personificações particulares do capital ou do trabalho. Nessa nova forma de sociabilidade ou novo sistema de sociometabolismo reprodutivo, a atividade humana deverá se estruturar sob o princípio do tempo disponível, num modo de controle social autônomo, autodeterminado e autorregulado.

O livro – denso, sólido, rigoroso e polêmico – que o leitor é desafiado a ler ainda apresenta um outro conjunto de teses centrais, de que são exemplos as indicações analíticas feitas em relação tanto à questão feminina, ou seja, a efetiva emancipação da mulher das diversas formas de opressão, bem como à temática ambiental (literalmente vital), caracterizada pelo combate à destruição sem precedentes da natureza. Ambas não podem ser integradas e incorporadas de maneira resolutiva pelo capital e seu sistema de sociometabolismo, encontrando, por isso, suas efetivas possibilidades de realização ao se articularem ao potencial emancipatório do trabalho, convertendo-se, desse modo, em movimentos emancipatórios dotados de uma questão específica (*single issue*) que se integram ao processo de autoemancipação da humanidade.

Creio que o que foi indicado evidencia a complexidade, a radicalidade e a densidade dessa obra. Ficam essas indicações como uma pequena amostra da vitalidade intelectual de István Mészáros, nessa devastadora crítica à lógica contemporânea do capital. Pode-se discordar de muitas de suas teses, quer pelo seu caráter contundente, quer pela sua enorme amplitude, abrangência e mesmo ambição, que por certo gerará muita controvérsia e polêmica. Mas ela é, nesse início de século, o desenho crítico e analítico mais ousado contra o capital e suas formas de controle social, num momento em que aparecem vários sintomas da retomada de um pensamento vigoroso e radical.

Concluo lembrando que István Mészáros realiza uma síntese decisivamente inspirada em Marx (particularmente nas magistrais indicações dos *Grundrisse*), mas que é também tributário, por um lado, da matriz ontológica de Lukács (com quem dialoga e polemiza fortemente em vários momentos do livro) e, por outro, da radicalidade da crítica da economia política de Rosa Luxemburgo, que o inspira fortemente também. O resultado é um trabalho original, que devassa o passado recente e o nosso presente, oferecendo um manancial de ferramentas para aqueles que estão olhando para o futuro. Para além do capital.

12

UM NOVO DESAFIO

I

O século XX viu desmoronarem muitos dos engenhos criados pelas forças sociais do trabalho e pela esquerda: o alvissareiro empreendimento soviético iniciado em 1917, as lutas de libertação nacional em tantas partes do Terceiro Mundo, a expansão do "bloco socialista" no Leste Europeu e a corajosa e rebelde Revolução Sandinista, para lembrar alguns exemplos fortes, cujo desmoronamento ou derrota tristemente presenciamos nas últimas décadas do século que se foi. Se ainda há a heroica resistência cubana e o prolongamento bastante alterado (e mesmo adulterado) do empreendimento revolucionário chinês, quase tudo o que de fundamental se intentou na batalha pela demolição do capital foi de algum modo derrotado ou reposto pelo domínio do capital. O mesmo se deu em relação à organização sociopolítica de classe, aos partidos que propugnavam pela representação dos trabalhadores. Creio que podemos afirmar, hoje, que a forma partido, erigida tanto pela variante social-democrata quanto pela vertente dos partidos comunistas tradicionais, ambas se exauriram ao longo desse (curto) século XX.

O primeiro porque aceitou, num processo por certo complexo que aqui não podemos recuperar, o compromisso de ganhos imediatos, reais, de melhoria das condições de trabalho e de vida em troca do abandono cabal de qualquer esforço que visasse à construção de um empreendimento societal socialista, de novo tipo, que colocasse em xeque a lógica do capital. Restrito a alguns países do Norte (tendo o Sul como suporte de exploração e sucção fundamental), o compromisso social-democrata estruturado entre o capital, o trabalho e o Estado permitia que o movimento operário e sindical de tipo social-democrata conquistasse direitos sociais em troca da negação de uma ação socialista efetiva. Desse modo, os interesses do capital garantiam seu futuro, enquanto o mundo do trabalho melhorava, de modo contingente, o seu presente. A intensificação das lutas sociais dos anos 1960 desmontou a institucionalização dessa variante de representação política do trabalho. Conforme nos recordou Alain Bihr, os trabalhadores se cansaram de perder a vida para ganhá-la[1].

Os partidos comunistas também sentiram fortemente as consequências das derrotas do século XX. Com o fim da União Soviética, deu-se, entretanto, um movimento diverso: por um lado, um forte processo de social-democratização dos PCs (caso do PCI, que majoritariamente se tornou PDS, Partido Democrático de Esquerda); por outro, alguns PCs simplesmente desapareceram, enquanto outros, como o PCP (de Portugal) e o PCF (França), procuram resistir. Outros, ainda – e estes estão entre os exemplos mais interessantes –, reestruturaram-se, procurando refundar o movimento de esquerda. É o caso do PRC, Partido da Refundação Comunista, na Itália, que aglutinou as forças de esquerda oriundas do antigo PCI.

A vigorosa tese leniniana, estampada em *Que fazer?* (que, conforme lembrou Lenin alguns anos após a publicação do livro, era tão somente um compêndio de tática iskrista, nem mais, nem menos), foi transplantada do solo russo, onde tinha forte sentido (lembremos o czarismo autocrático e ditatorial russo), para assumir validade *universal* e, a partir de então, foi crescentemente dogmatizada pela stalinização do PC soviético e também, com suas diferenças, por grande parte dos PCs que seguiam aquela orientação. O partido de vanguarda, centralista e democrático em seu desenho e propositura iniciais, expressão típica da particularidade da autocracia czarista russa, representante efetivo daquela realidade do movimento operário, impulsionado pelos núcleos de operários e intelectuais revolucionários, pouco a pouco, depois de 1924, com a morte de Lenin, transformava-se no partido de cúpula, centralista, burocrático, eliminador das diferenças pela prática bárbara e

---

[1] Alain Bihr, *Da grande noite à alternativa: o movimento operário europeu em crise*, cit.

brutal dos expurgos, desconsiderando cada vez mais os interesses reais das forças sociais do trabalho.

Fracassadas as duas maiores experiências de partido, a social-democrata e a dos partidos comunistas tradicionais de linhagem stalinista ou neo-stalinista, encontramo-nos, hoje, no início deste século XXI, com uma questão central crucial: como estruturar um partido que possa ser contemporâneo aos desafios de nosso tempo, que possa superar o enorme desgaste em que se encontram esses organismos de representação política, que possa ser, ao mesmo tempo, renovado e radical, que seja capaz de recuperar os valores mais essenciais do socialismo, capaz de resgatar o valor central da humanidade social (Marx) que esteja à altura dos enormes desafios do nosso tempo, em que a destrutividade ambiental e da natureza, a degradação do trabalho, a superfluidade das mercadorias, o fetichismo das coisas, o estranhamento das subjetividades, o predomínio quase inquestionável da mercadoria-dinheiro e sua financeirização, para não falar na barbárie belicista imposta pelos Estados Unidos, seu império imperialista e seus seguidores, hoje dominantes, possam definitivamente perecer?

É preciso construir um partido que seja, ao mesmo tempo, um movimento social e político, anti-institucional, contrário ao predomínio da lógica parlamentar calibrada pelo calendário eleitoral e que, em vez disso, tenha forte impulsão, tendo como base as forças hegemônicas alternativas do trabalho, organizado pela base, capaz de aglutinar também aqueles que hoje estão excluídos do trabalho, vivenciando o flagelo do desemprego, forças sociais que se encontram, em grande medida, privadas de representação política. É necessário criar um partido que recuse a política da ordem e também a antipolítica, o que somente pode ser efetivado pelo exercício da política radical, e que consiga ainda combinar forte presença de base sem sucumbir ao vanguardismo e às formas superadas de centralismo.

Trata-se, portanto, de reconstruir e redesenhar um novo partido (um partido político distinto, para lembrar as indicações de Marx, mas na contextualidade do nosso tempo) que somente poderá encontrar força, vitalidade, impulsão, densidade se estiver fortemente ancorado nas forças sociais do trabalho em seu sentido ampliado, com sua nova polissemia, seu caráter multiforme, recusando a "linha de menor resistência"[2],

---

[2] István Mészáros, *Para além do capital*, cit.

dada pelo atalho institucionalista, marcadamente eleitoral, subordinadamente parlamentar, que acaba, mais cedo ou mais tarde, por transformar-se num partido da ordem.

II

Esse caminho alternativo não tem sido fácil. O mais forte partido de esquerda do Brasil e da América Latina, que se tornou referência internacional, não foi capaz de consolidar esse caminho alternativo. Com o enorme processo de desertificação social do país, resultado das transformações ocorridas ao longo dos anos 1990 (neoliberalismo, financeirização da economia, reestruturação produtiva do capital, desregulamentação, informalidade e precarização do trabalho, privatização da *res publica* etc.), o PT também acabou por converter-se num partido da ordem. Exauriu-se como partido de esquerda, capaz de transformar a ordem societal, para se qualificar como gestor dos interesses dominantes no país. Como já pude indicar anteriormente, o PT se converteu num partido que sonha em humanizar o nosso capitalismo, adotando uma política de privatização dos fundos públicos que atende tanto aos interesses do sindicalismo de negócios quanto especialmente àqueles presentes no sistema financeiro nacional e internacional que efetivamente dominam.

Esse quadro nos leva a buscar uma nova alternativa político-partidária, capaz de preencher o enorme vazio político e ideológico socialista, aberto depois do transformismo do PT, cujo núcleo dominante é responsável pela condução do governo Lula. O sucesso dessa empreitada está em buscar laços profundos com os movimentos sociais, com a nova polissemia que caracteriza o mundo do trabalho, com forte pluralismo socialista capaz ainda de ser simultaneamente renovado e radical, respondendo aos desafios que o século XXI nos impõe. Trata-se de chegar a um modelo de partido que supere o centralismo por meio da força social de base e que supere o institucionalismo com a pujança e a força das lutas sociais de classe, capaz de incorporar também, decisivamente e de modo transversal, as dimensões de gênero e etnia, bem como a luta ecológica etc., fundamentais todas elas quando se pensa em presente e futuro da espécie humana.

Sua força central – mas nunca única – encontra-se no trabalho, elemento que, central e estruturante da vida societal, deve ser compreendido em seu sentido abrangente e multiforme. E esse empreendimento é imprescindível, de modo que se possa definitivamente eliminar o trabalho fetichizado e estranhado que tem vigência no mundo do capital e que deve ser completamente eliminado da sociedade humana, para que seja resgatado o sentido do trabalho como atividade vital (Marx), criadora e constitutiva do gênero humano.

Urge edificar um partido que auxilie os demais organismos capazes de recuperar o sentido de pertencimento de classe que os partidos da ordem estão impossibilitados de representar, que seja capaz de recuperar o sentido estruturante do trabalho humano e societal contra o sentido desestruturante do trabalho assalariado sob o capital. Esse é um desafio crucial do nosso século, empreendimento para o qual as formas envelhecidas de partido estancaram no século que se findou e que nos apresenta outro desafio, entre tantos existentes: como auxiliar na organicidade dos diversos movimentos sociais, dada a heterogeneidade das forças sociais do trabalho, qualificando-as organicamente para os embates com o capital na era de sua mundialização, nessa fase de mundialização das lutas sociais do trabalho? Esse partido terá de ser capaz de articular de modo íntimo luta social e luta política, sem que uma se seccione da outra.

Estamos num período de novos desafios e é difícil prever os caminhos. Estamos num momento de novos experimentos, que têm, entretanto, de tomar o passado recente como matéria de reflexão, balanço e análise. Tudo isso nos obriga a buscar alternativas, novos caminhos, que apontem para uma nova sociedade, aprendendo com as lutas passadas e refletindo sobre as mais recentes. Sabemos, porém, que as respostas exigidas são radicais. Do contrário, vamos repetir as tragédias anteriores.

A forma partido, quer em sua variante social-democrata, quer naquela assumida pelos partidos comunistas tradicionais, está falida. Como, então, estruturar um partido político distinto, de classe em seu sentido contemporâneo, que expresse, ao mesmo tempo, uma forte participação de base, capaz de aglutinar e empolgar as forças sociais que hoje se encontram à margem da representação política radical e que recuse fortemente a prevalência da ação institucional, parlamentar, sustentando-se na política radical?

Esse é, no Brasil de nossos dias, o desafio maior do recém-criado Partido Socialismo e Liberdade (PSOL), que pretende auxiliar na refundação e reorganização da esquerda brasileira depois do fracasso do PT. Projeto este que, por certo, precisa do apoio de várias forças de esquerda, hoje ainda no PT, bem como de setores localizados fora das estruturas partidárias vigentes e daqueles localizados em outros grupamentos e partidos de esquerda que abraçam a ideia de um organismo político socialista e radical, organizado democraticamente, anticapitalista e capaz de conviver com a pluralidade das forças socialistas e de esquerda. Um partido que nos ajude a reconquistar o sentido de humanidade, liberdade, igualdade e emancipação presentes no ideário socialista. E esse é, hoje, o desafio assumido pelo PSOL, que poderá nos ajudar a enfrentar outro desafio monumental: o da construção de uma alternativa societal socialista no limiar do século XXI, talvez a única capaz de salvar a humanidade que já vivencia a barbárie.

Alguns dirão: lá vêm as cinzas... Mas nós responderemos com as belas palavras do poeta Mário Quintana: "Que importam as cinzas, se a chama foi bela e alta?".

FONTES DOS TEXTOS

Os textos que compõem este livro foram objeto de pequenas alterações para se adequarem à presente coletânea. Agradecemos aos respectivos editores sua publicação.

As referências são as seguintes:

1 A CRISE DA SOCIEDADE DO TRABALHO: FIM DA CENTRALIDADE OU DESCONSTRUÇÃO DO TRABALHO?
Aula ministrada na realização do concurso para professor titular em Sociologia do Trabalho, Departamento de Sociologia, IFCH/Unicamp, em abril de 2000, cuja banca foi composta pelos professores Octávio Ianni, Francisco de Oliveira, Sedi Hirano, Carlos Nelson Coutinho e Jorge Miglioli.

2 A DESMEDIDA EMPRESARIAL NA SOCIEDADE DA "QUALIDADE TOTAL"
Capitalismo, trabalho e educação, Dermeval Saviani e outros (orgs.) (Campinas, Autores Associados, 2002), e anteriormente, em duas partes, na *Folha de S.Paulo*, Caderno Mais!, em 8 de julho de 2001 e 13 de agosto de 2000.

3 A NOVA MORFOLOGIA DO TRABALHO E O DESENHO MULTIFACETADO DAS AÇÕES COLETIVAS
Além da fábrica: trabalhadores, sindicatos e a nova questão social, Marco Aurélio Santana e José Ricardo Ramalho (orgs.) (São Paulo, Boitempo, 2003).

4 ALGUMAS TESES SOBRE O PRESENTE (E O FUTURO) DO TRABALHO
Desafios do trabalho, Ladislau Dowbor e outros (orgs.) (Rio de Janeiro, Vozes, 2004).

5 A DIALÉTICA DO TRABALHO
Dicionário crítico do lazer, Christiane Gomes (org.) (Minas Gerais, Autêntica, 2004).

6 O CARÁTER POLISSÊMICO E MULTIFACETADO DO MUNDO DO TRABALHO
Revista *Trabalho, Educação e Saúde*, v. 1, n. 2, setembro de 2003 (Rio de Janeiro, FioCruz).

7 O TRABALHO ENTRE A PERENIDADE E A SUPERFLUIDADE: ALGUNS EQUÍVOCOS SOBRE A DESCONSTRUÇÃO DO TRABALHO
Revista *Crítica Social*, n. 1, abril de 2003 (Rio de Janeiro, ADIA).

8 A SUBVERSÃO DO CAPITAL E OS SENTIDOS DO TRABALHO
Revista IHW *on line*, ano 5, n. 129, edição especial, janeiro de 2005 (Rio Grande do Sul, Unisinos).

9 OPACIDADE (OU VITALIDADE) DAS CLASSES SOCIAIS?
Revista de Ciências Sociais, v. 34, n. 1, 2003 (Ceará, Universidade Federal do Ceará).

10 *REVIVAL* DO ANARQUISMO?
Folha de S.Paulo, Caderno Mais!, 14 de novembro de 2004.

11 UMA APOSTA NO FUTURO
Apresentação de *Para além do capital* (São Paulo, Boitempo, 1999).

12 UM NOVO DESAFIO
Revista *Margem Esquerda*, n. 4, outubro de 2004 (São Paulo, Boitempo).

BIBLIOGRAFIA

ACKERS, Peter; SMITH, Chris; SMITH, Paul (Orgs.). *The New Workplace and Trade Unionism*: Critical Perspectives on Work and Organization. Londres, Routledge, 1996.

ALVES, Giovanni. *Reestruturação produtiva e crise do sindicalismo no Brasil*. Tese (Doutorado) — Campinas, IFCH/Unicamp, 1998.

AMIN, Ash . (Ed.). *Post-Fordism*: a Reader. Blackwell, Oxford, 1996.

ANTUNES, Ricardo. *Adeus ao trabalho?*: ensaio sobre as metamorfoses e a centralidade do mundo do trabalho. São Paulo, Cortez/Ed. Unicamp, 1995.

_____. O desenho multifacetado do trabalho hoje e sua nova morfologia. *Serviço Social e Sociedade*, São Paulo, Cortez, ano XXIII, n. 69, março de 2002.

_____. *O novo sindicalismo no Brasil*. Campinas, Pontes, 1995.

_____. *Os sentidos do trabalho*. São Paulo, Boitempo, 1999.

_____. (Org.). *Neoliberalismo, trabalho e sindicatos*: reestruturação produtiva no Brasil e na Inglaterra. 2. ed. São Paulo, Boitempo, 1998.

BERGGREN, Christian. Lean Production: The End of History?. *Des réalités du toyotisme*, Actes du GERPISA, n. 6, fevereiro 1993.

BERNARDO, João. *Economia dos conflitos sociais*. São Paulo, Cortez, 1991.

_____. *Democracia totalitária*: teoria e prática da empresa soberana. São Paulo, Cortez, 2004.

_____. *Transnacionalização do capital e fragmentação dos trabalhadores*: ainda há lugar para os sindicatos? São Paulo, Boitempo, 2000.

BEYNON, Huw. As práticas do trabalho em mutação. In: ANTUNES, Ricardo (Org.). *Neoliberalismo, trabalho e sindicatos*: reestruturação produtiva no Brasil e na Inglaterra. 2. ed. São Paulo, Boitempo, 1998.

BIALAKOWSKY, Alberto et al. Dilución y mutación del trabajo en la dominación social local. Buenos Aires, *Revista Herramienta*, n. 23, p. 135, 2003.

BIDET, Jacques; TEXIER, Jacques (Orgs.). *La crise du travail*. Paris, PUF, 1995. (Actuel Marx Confrontation).

BIHR, Alain. *Da grande noite à alternativa*: o movimento operário europeu em crise. São Paulo, Boitempo, 1998.

CASTEL, Robert. *As metamorfoses da questão social*. Rio de Janeiro, Vozes, 1998.
CASTILLO, Juan J. *Sociologia del trabajo*. Madri, CIS, 1996.
_____. A la búsqueda del trabajo perdido. In: PEREZ-AGOTE, A.; YNCERA, I. S. de la. *Complejidad y teoria social*. Madri, CIS/Academia, 1996.
CHESNAIS, François. *A mundialização do capital*. São Paulo, Xamã, 1996.
COLSON, Daniel; COLOMBO, Eduardo. *História do movimento operário revolucionário*. São Paulo, Imaginário, 2004.
CORIAT, Benjamin. *Pensar al revés*: trabajo y organización en la empresa japonesa. México/Madri, Siglo XXI, 1992.
COUTINHO, Carlos Nelson. Lukács: a ontologia e a política. In: ANTUNES, Ricardo; REGO, Walquíria. (Orgs.) *Lukács*: um galileu no século XX. São Paulo, Boitempo, 1996.
DAVIS, Jim; HIRSCHL, Thomas; STACK, Michael. *Cutting Edge*: Technology, Information, Capitalism and Social Revolution. Londres/Nova York, Verso, 1997.
DUSSEL, Enrique. Sentido ético de la rebelion maya de 1994 en Chiapas. In: _____. *Chiapas insurgente*. Navarra, Txalaparta Editorial, 1995.
EDER, Klaus. *A nova política de classes*. São Paulo, Edusc, 2002.
ÉSQUILO. *Prometeu acorrentado*. Rio de Janeiro, Ediouro, s. d.
FERNANDES, Florestan. (Org.) *K. Marx/F. Engels*: história. São Paulo, Ática, 1983. (Coleção Grandes Cientistas Sociais).
FONTENELLE, Isleide. *O nome da marca*: McDonald's, fetichismo e cultura descartável. São Paulo, Boitempo, 2002.
GOETHE, Johann Wolfgang von. *Os anos de aprendizagem de Wilhelm Meister*.
GORENDER, Jacob. *Marxismo sem utopia*. São Paulo, Ática, 1999.
GORZ, Andre. The New Agenda. *New Left Review*, Londres, n. 184, 1990.
_____. Pourquoi la société salariale a besoin de nouveaux valets. *Le Monde Diplomatique*, Paris, 22 juin 1990.
_____. *Adeus ao proletariado*. Rio de Janeiro, Forense Universitária, 1982.
GOUNET, Thomas. *Fordismo e toyotismo na civilização do automóvel*. São Paulo, Boitempo, 1999.
HABERMAS, Jürgen. *The Theory of Communicative Action*: Reason and the Rationalization of Society. Londres, Polity Press, 1991. v. 1.
_____. *The Theory of Communicative Action*: The Critique of Functionalist Reason. Londres, Polity Press, 1992. v. 2.
_____. *Técnica e ciência como "ideologia"*. São Paulo, Abril, 1975. (col. Os Pensadores).
HARDT, Michel.; NEGRI, Antonio. *O trabalho de Dioniso*. Juiz de Fora, UFJF, 2004.
HARVEY, David. Flexible Accumulation through Urbanization. In: AMIN, A. (Ed.) *Post-Fordism*: a Reader. Oxford, Blackwell, 1996.
_____. *A condição pós-moderna*. São Paulo, Loyola, 1992.
_____. Review of The Death of Class. *Capital & Class*, Londres, n. 62, verão 1997.
HESÍODO. *Os trabalhos e os dias*. São Paulo, Iluminuras, 1990.

HEGEL, Georg Wihelm Friedrich. *Fenomenología del espiritu*. México, Fondo de Cultura Económica, 1966. [Ed. bras.: *Fenomenologia do espírito*. 22. ed. São Paulo, Vozes, 2003.]

HELLER, Agnes. *Teoría de las necesidades en Marx*. Barcelona, Península, 1986.

_____. *Sociología de la vida cotidiana*. Barcelona, Península, 1977.

HIRANO, Sedi. *Castas, estamentos & classes sociais*: introdução ao pensamento sociológico de Marx e Weber. Campinas, Ed. Unicamp, 2002.

HIRATA, Helena. Rapports sociaux de sexe et division du travail. In: BIDET, Jacques; TEXIER, Jacques (Orgs.). *La crise du travail*. Paris, PUF, 1995. (Actuel Marx Confrontation).

_____. Paradigmes du travail: un point de vue transversal. In: *Paradigmes du Travail, Futur Antérieur*. Paris, L'Harmattan, 1993[2], n. 16.

_____. *Nova divisão sexual do trabalho?*: um olhar voltado para a empresa e a sociedade. São Paulo, Boitempo, 2002.

HUWS, Ursula. *The making of a cybertariat*: virtual work in a real world. Nova York/Londres, Monthly Review Press/The Merlin Press, 2003.

IANNI, Octávio. *A era do globalismo*. Rio de Janeiro, Civilização Brasileira, 1996.

JAPAN PRESS WEEKLY. Tóquio, 21/2/2004, n. 2371, p. 13.

JINKINGS, Nise. *O mister de fazer dinheiro*: automatização e subjetividade no trabalho bancário. São Paulo, Boitempo, 1995.

KAMATA, Satoshi. *Japan in the Passing Lane*: An Insider's Account of Life in a Japanise Auto Factory. Nova York, Pantheon Books, 1982.

KENNEY, Martin. Value Creation in the Late Twentieth Century: The Rise of the Knowledge Worker. In: DAVIS, Jim; HIRSCHL, Thomas; STACK, Michael. *Cutting Edge*: Technology, Information, Capitalism and Social Revolution. Londres/Nova York, Verso, 1997.

KLEIN, Naomi. *Sem logo*. Rio de Janeiro, Record, 2002.

KURZ, Robert. *Os últimos combates*. Rio de Janeiro, Vozes, 1997.

_____. *O colapso da modernização*. São Paulo, Paz e Terra, 1992.

LOJKINE, Jean. De la Révolution Industrielle à la Révolution Informationnelle. In: BIDET, Jacques; TEXIER, Jacques (Orgs.). *La crise du travail*. Paris, PUF, 1995. (Actuel Marx Confrontation).

_____. *A revolução informacional*. São Paulo, Cortez, 1995.

LÖWY, Michael. Marx e Weber, críticos do capitalismo. *Cultura Vozes*, Rio de Janeiro, n. 2, mar./abr. 1999.

LUKÁCS, G. *The Ontology of Social Being*: Labour. Londres, Merlin Press, 1980.

_____. *Ontologia dell'essere sociale II*. Roma, Riuniti, 1981. v. 1-2.

_____. La coisificación y la conciencia del proletariado. In: *Historia y conciencia de clase*. Barcelona, Grijalbo, 1975. [Ed. bras.: *História e consciência de classe: estudos sobre a dialética marxista*, São Paulo, Martins Fontes, 2003.]

_____. As bases ontológicas do pensamento e da atividade do homem. *Temas de Ciências Humanas*, São Paulo, Ciências Humanas, n. 4, 1978.

MALATESTA, Errico. *Autoritarismo e anarquismo*. São Paulo, Imaginário, 2004.

MANDEL, Ernest. Marx, La crise actuelle et l'avenir du travail humain. *Quatrième Internationale,* Paris, n. 20, 1986.

MARQUES, Rosa M. *A proteção social e o mundo do trabalho.* São Paulo, Bienal, 1997.

MARX, Karl. *O capital.* 2. ed. Rio de Janeiro, Civilização Brasileira, 1971. v. 1.

_____. *O capital.* Rio de Janeiro, Civilização Brasileira, 1974. v. 3-6

_____. *Capítulo VI (inédito).* São Paulo, Ciências Humanas, 1978.

_____. *O capital.* São Paulo, Abril Cultural, 1983. v. 1.

_____. Extractos de Lectura: James Mill. In: *Obras de Marx y Engels, "Manuscritos de Paris y Anuários Franco-Alemanes: 1844".* Barcelona, Grijalbo, 1978.

_____. *Grundrisse*: Foundations of the Critique of Political Economy. Middlesex, Penguin Books, 1974.

_____. Chapter Six. In: MARX, K.; ENGELS, F. *Collected Works.* Londres, Lawrence & Wishart, 1994. v. 34 (Marx: 1861-64).

_____. *Manuscritos econômico-filosóficos.* São Paulo, Boitempo, 2004.

MÉDA, Dominique. *Le travail*: une valeur en voie de disparition. Paris, Aubier, 1995.

_____. *Società senza lavoro*: per una nuova filosofia dell'occupazione. Milão, Feltrinelli, 1997.

MÉSZÁROS, István. *Philosophy, Ideology & Social Science.* Sussex, Wheatsheaf Books, 1986.

_____. Unemployment and Casualisation: A Great Challenge to the Left. 2004. (Mimeo.).

_____. *Para além do capital.* São Paulo, Boitempo, 2002.

_____. *A teoria da alienação em Marx.* São Paulo, Boitempo, 2006.

MONTAÑO, Carlos. *Terceiro setor e questão social.* São Paulo, Cortez, 2002.

NEFFA, Julio César. *El trabajo humano*: contribuciones al estudio de un valor que permanece. Buenos Aires, Conicet, 2003.

NOGUEIRA, Cláudia. *A feminização no mundo do trabalho.* Campinas, Autores Associados, 2004.

OFFE, Claus. Trabalho como categoria sociológica fundamental?. *Trabalho & sociedade.* Rio de Janeiro, Tempo Brasileiro, 1989. v. 1.

OLIVEIRA, Francisco. *Os direitos do anti-valor.* Rio de Janeiro, Vozes, 1997.

ORTELLADO, Pablo; RYOKI, André. *Estamos vencendo!*: resistência global no Brasil. São Paulo, Conrad, 2004.

PEREZ-AGOTE, Alfonso; YNCERA, Ignacio Sánchez de la. *Complejidad y teoria social.* Madri, CIS/Academia, 1996.

POLLERT, Anna. Team work on the Assembly Line: Contradiction and the Dynamics of Union Resilience. In: ACKERS, Peter; SMITH, Chris; SMITH, Paul (Orgs.). *The New Workplace and Trade Unionism*: Critical Perspectives on Work and Organization. Londres, Routledge, 1996.

RAMALHO, José Ricardo; SANTANA, Marco (Orgs.). *Além do fábrica.* São Paulo, Boitempo, 2003.

RIFKIN, Jeremy. *O fim dos empregos.* São Paulo, Makron Books, 1995.

SAFFIOTTI, Heleieth Violência de gênero: lugar da práxis na construção da subjetividade. *Lutas Sociais*, São Paulo, PUC, nº 2, 1997.

SANTOS, José Alcides Figueiredo. *Estrutura de posições de classe no Brasil*: mapeamento, mudanças e efeitos na renda. Belo Horizonte, Ed. UFMG, 2002.
SEGNINI, Liliana. *Mulheres no trabalho bancário*. São Paulo, Edusp/Fapesp, 1991.
SEOANE, Jose; TADDEI, Emilio. De Seattle a Porto Alegre: pasado, presente y futuro del movimiento anti-mundialización neoliberal. In: *Resistencias Mundiales*: de Seattle a Porto Alegre. Buenos Aires, CLACSO, 2001. [Ed. bras.: *Resistências mundiais: de Seattle a Porto Alegre*, Rio de Janeiro, Vozes, 2001.]
SOTELO, Adrian. *La reestruturación del mundo del trabajo*. México, Itaca, 2003.
TERTULIAN, Nicolas. Le concept d'aliénation chez Heidegger et Lukács. *Archives de Philosophie: Reserches et Documentation*, Paris, n. 56, julho/setembro 1993.
_____. Introduzione. In: LUKÁCS, G. *Prolegomeni all'ontologia dell'essere sociale*: questioni di principio di un'ontologia oggi divenuta possibile. Milão, Guerini e Associati, 1990.
TEIXEIRA, Francisco; OLIVEIRA, Manfredo (Orgs.). *Neoliberalismo e reestruturação produtiva*: as novas determinações do mundo do trabalho. São Paulo/ Fortaleza, Cortez/UECE, 1996.
TOSEL, André. Centralité et non-centralité du travail ou La passion des hommes superflus. In: BIDET, Jacques; TEXIER, Jacques. *La crise du travail*. Paris, PUF, 1995. (Actuel Marx Confrontation).
VALENCIA, Adrian Sotelo. *La reestructuración del mundo del trabajo*: superexplotación y nuevos paradigmas de la organización del trabajo. México, Itaca, 2003.
VANEIGEM, Raoul. *Nada é sagrado, tudo pode ser mudado*. São Paulo, Parábola, 2004.
VASAPOLLO, L. Le Ragioni di una Sfida in Atto. In: *Lavoro contro capitale*: precarietà, sfruttamento, delocalizzazione. Milão, Jaca Book, 2005.
VASAPOLLO, Luciano; MARTUFI, Rita. Lavoro Atipico, Lavoro che Cambia, Come Lavorare?. *Rivista PROTEO*, Roma, n. 2-3, speciale, maio/dezembro 2003.
VINCENT, Jean.-Marie. Flexibilité du travail et plasticité humaine. In: BIDET, Jacques; TEXIER, Jacques (Orgs.). *La crise du travail*. Paris, PUF, 1995. (Actuel Marx Confrontation).
_____. Les automatismes sociaux et le "general intellect". *Futur Antérieur*, Paris, L'Harmattan, n. 16 (*Paradigmes du* travail), 1993[2].
WOOD, Ellen. Modernity, Postmodernity or Capitalism?. *Review of International Political Economy*, Brighton, Universidade de Sussex, Routledge, n. 3, v. 4, outono 1997.
_____. Labor, The State, and Class Struggle. *Monthly Review*, Nova York, v. 49/3, jul./ago. 1997.
WOOD, Stephen (Org.). *The Transformation of Work?*: Skill, Flexibility and the Labour Process. Londres, Unwin Hyman, 1989.

Esta obra foi composta em Adobe Garamond, corpo 10,5/12,6, e reimpressa em papel Avena 80 g/m² pela gráfica Forma Certa, para a Boitempo, em fevereiro de 2025, com tiragem de 200 exemplares.